WUNDERLICH

Deutsch von Silvia Morawetz,
Helmut Kossodo, Patricia Klobusiczky,
Ulla H. de Herrera

JAMES HERRIOT

Alles für die Katz

ZEHN SCHNURRIGE GESCHICHTEN

Mit Illustrationen von
Lesley Holmes

WUNDERLICH
TASCHENBUCH

Die Originalausgabe erschien unter dem Titel
«James Herriot's Cat Stories» bei
Michael Joseph Ltd., London

Veröffentlicht im Rowohlt Taschenbuch
Verlag GmbH, Reinbek bei Hamburg, Oktober 2000

Quellenverzeichnis siehe Seite 190
Umschlaggestaltung Cordula Schmidt
(Illustration: Lesley Holmes)
Gesamtherstellung Clausen & Bosse, Leck
Printed in Germany
ISBN 3 499 26275 4

INHALT

Vorwort

KATZEN HABEN IN MEINEM LEBEN schon immer eine große Rolle gespielt, zunächst in Glasgow, als ich noch ein Junge war, später während meiner Laufbahn als Veterinärchirurg, und heute, da ich pensioniert bin, sind sie immer noch präsent und erfreuen mich jeden Tag aufs neue.

Sie waren ausschlaggebend für die Wahl meines Berufes. Während der Schulzeit wurde meine Tierwelt noch von einem wunderschönen Irish Setter namens Don beherrscht, mit dem ich fast vierzehn Jahre durch die schottische Berglandschaft gestreift bin. Wenn ich von diesen Spaziergängen zurückkehrte, wurde ich allerdings stets von meinen Katzen begrüßt, die sich schnurrend an meine Beine schmiegten und ihre Schnauzen gegen meine Hände rieben.

In unserem Haushalt hat es immer mehrere Katzen gegeben, und jede hatte ihren ganz eigenen Reiz. Ihre natürliche Anmut und Eleganz, die Selbstverständlichkeit, mit der sie auf Zuneigung und Zärtlichkeit reagierten, machten sie mir alle lieb und teuer, und voller Ungeduld wartete ich auf den Tag, an dem ich an der Fakultät für Tiermedizin endlich alles über Katzen erfahren würde. Auch ihre Spielfreude weckte bei mir immer wieder Begeisterung. Ich kann mich an eine erinnern, die Topsy gerufen wurde und stets zum Spielen aufgelegt war. Gern tanzte sie wie eine Krabbe auf Don zu, mit keck aufgerichteten Ohren, bis er es nicht länger aushalten konnte und sich auf sie stürzte, was unweigerlich zu einem endlosen Gerangel führte.

Wenn eine der Katzen krank wurde, riefen wir den ortsansässigen Tierarzt, und ich sah voller Bewunderung zu ihm auf, weil er sich intensiv mit dieser Tierart befaßt hatte und jeden Knochen, jeden Nerv und jede Faser des Katzenkörpers kannte.

Als ich dann endlich mein Studium aufnahm, stellte ich verblüfft fest, daß sich weit und breit niemand für meine geliebten Katzen interessierte. Eines meiner Lehrbücher war ein riesiger Wälzer mit dem Titel *Sisson's Anatomy of the Domestic Animals*. Man mußte schon einiges an Kraft aufbieten, um es aus dem Regal zu heben, allein dieses Buch zu schleppen war reinste Herkulesarbeit. Gespannt blätterte ich es durch. Die Seiten waren reich bebildert mit den Innereien von Pferd, Rind, Schaf, Schwein und Hund, in genau dieser Reihenfolge. Es schien gerade noch ein wenig Platz für den Hund übrig zu sein, aber die Katze suchte ich vergebens. Schließlich sah ich im Register nach. Unter dem Buchstaben «K» war nichts zu finden, und ich dachte mir, aber klar, du mußt unter «F» wie Feliden schauen, aber auch das erwies sich als Fehlanzeige, und ich mußte mir wohl oder übel eingestehen, daß meine geliebten Tiere nicht einmal für erwähnenswert erachtet wurden.

Ich konnte es einfach nicht glauben. Ich dachte an die vielen alten Menschen und an die Invaliden, denen Katzen Trost, Freude und Gesellschaft spendeten. Katzen waren die einzigen Haustiere, die sie halten konnten. Was dachte sich mein Berufsstand überhaupt? Die einfache Antwort lautet, daß die Tiermedizin im Rückstand war.

Sisson's Anatomy war 1910 erschienen und bis 1930 mehrmals wieder aufgelegt worden, und ein druckfrisches Exemplar dieser letzten Auflage hatte ich als Student in Händen gehalten. Ich habe schon oft erzählt, daß ich mich ursprünglich auf Hunde und Katzen spezialisieren wollte, obwohl ich später meine berufliche Laufbahn in einer Großtierpraxis absolvieren sollte. Als ich in den dreißiger Jahren meine Ausbildung abgeschlossen hatte, herrschte nun einmal die Wirtschaftskrise, Arbeit war kaum zu finden, und so mußte ich schließlich mit Gummistiefeln durch die North Yorkshire Dales stapfen. Das habe ich über fünfzig Jahre lang gemacht, ohne eine einzige Minute missen zu wollen, aber zu Beginn war ich überzeugt, daß mir die Katzen fehlen würden. Ich hatte mich geirrt. An allen Ecken und Enden tauchten Katzen auf. Jede Farm hatte ihre eigenen Katzen. Sie hielten die Mäuse fern und führten in dieser ländlichen Abgeschiedenheit ein ganz freies Leben. Komfort wissen Katzen stets zu schätzen, und so habe ich in der Futtertraufe oft ein gemütliches Nest voller junger Kätzchen mit ihrer Mutter vorgefunden, wenn ich den Kopf einer Kuh untersuchte. Man sah sie zwischen Heuballen zusammengerollt oder selig in sonnenbeschienenen Ecken ausgestreckt, denn Katzen lieben die Wärme, und an bitterkalten Wintertagen zog sie die heiße Motorhaube meines Wagens magisch an. Kaum war ich in den Hof hineingefahren, sprang bereits die eine oder andere Katze auf die Haube. Einige Bauern waren richtige Katzennarren und hielten sie nicht allein aus praktischen Gründen; in solchen Höfen fand sich gleich eine ganze Reihe kleiner Wesen, die die unverhoffte Wärme zu würdigen wußten, und wenn ich wieder wegfuhr, bedeckte ein Muster aus schlammigen Pfotenspuren jeden Zentimeter des erhitzten Blechs. Die Spuren trockneten rasch ein, und da ich weder Zeit noch Lust hatte, den Wagen zu waschen, blieben sie als eine Art Dauerschmuck bestehen.

Auf meinem täglichen Rundgang durch unser ländliches Städtchen sah ich viele alte Leute, die in ihren kleinen Cottages mit einer Katze im Schoß oder am Kamin saßen. So hatten sie Gesellschaft und mußten ihr Leben nicht einsam fristen.

All diese Begegnungen machten mich immer wieder auf Katzen aufmerksam, und doch wurden sie von unserem Bildungssystem übergangen. Aber das war vor mehr als fünfzig

Jahren, und selbst damals begann sich ein Wandel abzuzeichnen. An den Fakultäten für Tiermedizin wurden Katzen allmählich in den Lehrplan aufgenommen, und so befragte ich eifrig die Studenten, die bei uns hospitierten. Später, als unsere Praxis erweitert wurde, horchte ich die jungen Assistenten aus, die mit lauter neuen Erkenntnissen zu uns kamen. Selbst in den

Fachzeitschriften tauchten inzwischen Artikel über Katzen auf, die ich mit großem Interesse verschlang.

In den gut fünfzig Jahren, die ich als Tierarzt praktizierte, trug die Forschung immer neue Früchte, und heute, da ich mich aus dem Berufsleben zurückgezogen habe und alles hinter mir liegt, blicke ich oft zurück und denke über die Veränderungen nach, die in dieser Zeit eingetreten sind. Die wissenschaftliche Anerkennung von Katzen war natürlich nur ein kleiner Bestandteil der Revolution, die meinen Berufsstand beinah von Grund auf umwälzte, ebenso wie das Verschwinden der Zugpferde, die Einführung von Antibiotika, die die fast mittelalterlichen Medizintränklein hinwegfegten, die ich bis dato hatte anwenden müssen, die neuen chirurgischen Methoden, die wunderbaren Schutzimpfungen, die überall Verbreitung fanden – es kommt mir vor wie die Verwirklichung eines Traums.

Heute zählen Katzen unbestritten zu den beliebtesten Haustieren. Bedeutende Tierärzte widmen ihnen umfangreiche, prestigeträchtige Werke, es gibt sogar etliche Veterinäre, die sich allein auf Katzen spezialisieren.

Vor dem Schreibtisch, an dem ich sitze, steht eine lange Reihe von alten Lehrbüchern, die ich in fernen Jugendtagen studiert hatte. *Sisson* ist dabei, so gewaltig wie ehedem, und all die anderen, die ich immer wieder zu konsultieren pflege, wenn ich mich an bestimmte Erlebnisse erinnern oder einfach einmal herzhaft lachen möchte; daneben stehen jedoch die prachtvollen neuen Bände, die nur ein Thema kennen – Katzen. Oft denke ich auch an die seltsamen Vorurteile zurück, die viele Leute Katzen gegenüber hegten: Sie seien selbstsüchtige Wesen, die ihre Zuneigung nur dann zeigten, wenn sie sich davon einen Vorteil versprächen, und die niemals der bedingungslosen Liebe fähig wären, die ein Hund zu geben vermöge. Sie seien absolut selbstgenügsame Kreaturen, die sich nur um die eigenen Belange kümmerten. Was für ein Unfug! Ich habe so viele Katzen erlebt, die ihre Köpfe an meinem rieben und mit sorgsam eingezogenen Krallen meine Wangen berührten. In meinen Augen sind das unmißverständliche Zeichen von Liebe.

Während ich dies hier schreibe, haben wir gerade keine Katze im Haus, weil unser Border Terrier nicht gut mit ihnen auskommt und sie bei jeder Gelegenheit durch die Gegend scheucht. Allerdings rennt er erst nach ihnen los, denn obwohl er es gern mit jedem Hund aufnimmt, ob groß oder klein, fürchtet er sich insgeheim vor Katzen. Wenn eine Katze seinen Weg kreuzt, macht

Bodie lieber einen weiten Bogen um sie. Doch wenn er schläft – im Alter von dreizehn Jahren seine Lieblingsbeschäftigung –, besuchen uns die Nachbarskatzen aus dem ganzen Dorf. Vor unserem Küchenfenster steht eine brusthohe Mauer, und dort versammeln sich alle möglichen Vertreter der Gattung, um zu sehen, was wir ihnen bieten können.

Stets halten wir verschiedene Leckereien für sie bereit, die wir auf dem Mauersims verteilen. Unter den Besuchern gibt es aber einen wunderschönen gelbweißen Kater, der so zutraulich ist, daß er viel lieber gestreichelt als gefüttert werden möchte. Während er unter ohrenbetäubendem Schnurren versucht, seine Nase in meine Hand zu pressen, droht mir jedesmal die Packung mit dem Knabberzeug zu entgleiten, was regelmäßig zu einem kleinen Zweikampf führt. Oft muß ich die Fütterung abbrechen, um ihn ausgiebig zu streicheln, am Kinn zu kraulen und zu massieren, denn das ist ihm am liebsten.

Ich halte es für eine sehr vernünftige Maxime, daß man nach der Pensionierung seinen früheren Arbeitsplatz nicht länger unsicher machen sollte. Natürlich bedeutet mir Skeldale House mehr als das. Es ist ein Ort voller Erinnerungen, dort habe ich mein Junggesellenleben mit Siegfried und Tristan geteilt, mein Eheleben begonnen, meine Kinder auf die Welt kommen und aufwachsen sehen, dort habe ich ein halbes Jahrhundert lang die Triumphe und Niederlagen erlebt, die einem Tierarzt beschieden sind, und doch gehe ich nur hin, um meine Post abzuholen. Bei dieser Gelegenheit schaue ich kurz nach, wie die Dinge laufen.

Die Praxis wird nun von meinem Sohn Jimmy und seinen großartigen jungen Partnern geführt; vergangene Woche stand ich im Büro und beobachtete das rege Kommen und Gehen der Kleintiere, die untersucht, operiert oder geimpft werden wollten. Welch Unterschied zu meinen Anfängen, als unsere Arbeit zu neunzig Prozent an Nutztieren verrichtet wurde!

Ich wandte mich von dem Strom zotteliger Tierchen ab, um mit Jimmy zu sprechen.

«Welche Tiere kommen am häufigsten in deiner Praxis vor?»

Er dachte einen Augenblick nach, dann antwortete er mir: «Hunde und Katzen halten sich ungefähr die Waage, aber ich glaube, daß die Katzen bald überhandnehmen werden.»

Alfred, der Ladenhüter

MEIN HALS BRACHTE MICH UM. Drei nacheinander auf windgepeitschten Berghängen in Hemdsärmeln beim Lammen verbrachte Nächte hatten mir eine beginnende Erkältung eingetragen, und ich verspürte das dringende Bedürfnis nach einem Päckchen der Hustendrops von Geoff Hatfield. Eine unwissenschaftliche Behandlungsmethode vielleicht, doch ich glaubte wie ein Kind an diese kraftvollen kleinen Bonbons, die einem im Munde explodierten und in wellenförmigen Stößen heilkräftige Feuchtigkeit durch die Bronchien pumpten. Das Geschäft lag in einer Seitenstraße, und es war so winzig – nicht viel größer als ein gemütliches Plätzchen in einer Wohnung –, daß über dem Fenster kaum Platz für das Ladenschild blieb: GEOFFREY HATFIELD, SÜSSWAREN. Aber der Laden war voll. Er war immer voll, und da heute Markttag war, war er übervoll.

Die kleine Glocke machte «Pling», als ich die Tür öffnete und mich in das Gewühl von ortsansässigen Damen und Bau-

ersfrauen quetschte. Ich mußte eine Weile warten, doch das machte mir nichts aus, denn Mr. Hatfield in Aktion zu sehen war eine der lohnendsten Beschäftigungen in meinem Leben.

Ich war auch zu einem günstigen Zeitpunkt gekommen, denn der Besitzer befand sich mitten in einer seiner Entscheidungsschlachten. Er kehrte mir den Rücken zu, und der

Löwenkopf mit der silbernen Mähne ragte leicht geneigt über den breiten Schultern empor, als er die Reihen großer Bonbongläser vor der Wand inspizierte. Die auf dem Rücken zusammengelegten Hände strafften und lockerten sich abwechselnd, während er seinen inneren Kampf ausfocht, dann schritt er mit ein paar flinken Schritten die Reihe ab und prüfte nacheinander alle Gläser mit forschendem Blick. Mir kam der Gedanke, daß Lord Nelson, als er auf dem Achterdeck der *Victory* auf und ab geschritten war und über die beste Taktik für den Angriff auf den Feind nachgedacht hatte, nicht imposanter einen konzentrierten Menschen vorgestellt haben konnte.

Die Spannung in dem kleinen Laden stieg merklich, als er eine Hand nach oben reckte, sie dann jedoch kopfschüttelnd wieder zurückzog, und ein Seufzer entfuhr den versammelten Damen, als er mit einem abschließenden ernsten Nicken und einem Straffen der Schultern beide Arme ausstreckte, ein Glas ergriff, sich herumdrehte und der Gesellschaft zuwandte. Sein langes Gesicht, das dem eines römischen Senators ähnelte, war zu einem gütigen Lächeln verzogen.

«Nun, Mrs. Moffat», redete er mit Donnerstimme eine korpulente Matrone an, hielt das Glasgefäß mit beiden Händen und neigte es mit der Anmut und der Ehrerbietung eines Cartier-Juweliers, der ein Diamantenkollier präsentiert, «ich frage mich, ob ich Sie hierfür gewinnen kann.»

Mrs. Moffat, die fest ihre Einkaufstasche umklammerte, inspizierte die in Papier gewickelten Bonbons in dem Glas genau. «Nun, ich weiß nicht recht ...»

«Wenn ich mich recht entsinne, Madam, haben Sie angedeutet, daß Sie etwas in der Art eines russischen Karamels suchen, und diese kleine Köstlichkeit kann ich mit bestem Gewissen empfehlen. Sie entspricht zwar nicht ganz dem russischen, ist aber dennoch ein sehr feiner, weich schmelzender Toffee.» Sein Ausdruck wurde ernst, erwartungsvoll.

Der sonore Beigeschmack seiner Beschreibung weckte in mir umgehend den Wunsch, die Süßigkeiten zu packen und sie auf der Stelle zu verschlingen, und auf die Dame schien er die gleiche Wirkung auszuüben. «Also gut, Mr. Hatfield», sagte sie eifrig. «Ich nehme ein halbes Pfund.»

Der Ladenbesitzer machte eine leichte Verbeugung. «Verbindlichen Dank, Madam, ich bin sicher, daß Sie Ihre Wahl nicht bereuen werden.» Seine Züge entspannten sich zu einem gütigen Lächeln, und als er die Toffees liebevoll auf die Waage rutschen ließ, bevor er sie mit einem professionellen Schlenker der Hand in die Tüte schüttete, verspürte ich neuerlich das Verlangen, mich über die Süßigkeiten herzumachen.

Mr. Hatfield beugte sich, beide Hände auf den Ladentisch gestützt, vor und hielt den Blick unverwandt auf seine Kundin gerichtet, bis er sie mit einem höflichen «Ich wünsche Ihnen einen schönen Tag, Madam» und einer Verbeugung aus dem Laden komplimentiert hatte. Dann wandte er sich der versammelten Gemeinde zu. «Ah, Mrs. Dawon, wie überaus reizend, Sie zu sehen. Womit kann ich heute morgen dienen?»

Die offensichtlich entzückte Dame strahlte ihn an. «Ich hätte gern von diesem Schokoladenfondant, das ich letzte Woche hatte, Mr. Hatfield. Es war köstlich. Haben Sie es noch?»

«Gewiß, Madam, und ich bin erfreut, daß meine Empfehlung Ihren Beifall gefunden hat. So ein köstlicher cremiger Geschmack. Zufällig habe ich gerade auch eine Lieferung in einem besonderen Oster-Geschenkkarton hereinbekommen.» Er nahm einen vom Regal und balancierte ihn auf der Hand. «Wirklich hübsch und nett anzusehen, finden Sie nicht?»

Mrs. Dawson nickte schnell. «O ja, wirklich schön. Ich nehme einen Karton, und dann möchte ich noch etwas. Eine richtig große Tüte mit schönen Bonbons für die Familie zum Lutschen. In verschiedenen Farben, wissen Sie. Was haben Sie denn in dieser Richtung?»

Mr. Hatfield spreizte die Finger, schaute sie durchdringend an und holte einmal tief und nachdenklich Luft. Er verharrte mehrere Sekunden lang in dieser Pose, dann schwang er sich herum, legte die Hände auf dem Rücken zusammen und inspizierte von neuem seine Gläser.

Dies war mein Lieblingsstück, und wie immer genoß ich

es, zuzusehen. Es war ein vertrauter Anblick. Der winzige, überfüllte Laden, der Eigentümer, der mit der ihm gestellten Aufgabe rang, und Alfred, der am anderen Ende auf dem Ladentisch saß.

Alfred war Geoffs Kater, und er war immer da. Kerzengerade und majestätisch saß er auf der polierten Tischplatte in der Nähe des mit einem Vorhang abgeteilten Durchgangs, der ins Hatfieldsche Wohnzimmer führte. Wie gewöhnlich schien er aufmerksam Anteil an den Vorgängen zu nehmen; sein Blick wanderte vom Gesicht seines Herrn zu dem der Kundin, und obwohl es vielleicht nur ein Produkt meiner Phantasie war, hatte ich das Gefühl, daß sein Ausdruck ein gespanntes Interesse an den Verhandlungen und tiefe Befriedigung über deren Ausgang erkennen ließ. Er rührte sich nie von der Stelle und drang auch nie weiter auf dem Ladentisch vor, doch hin und wieder streichelte die eine oder andere Dame ihm die Wange, und er antwortete mit einem vernehmlichen Schnurren und einer hoheitsvollen Kopfbewegung in ihre Richtung.

Es war typisch, daß er sich nie zu einer ungebührlichen Zurschaustellung von Emotionen herabließ. Das wäre würdelos gewesen, und Würde war einer seiner unfehlbaren Wesenszüge. Schon als Kätzchen hatte er nie einem übermäßigen Spieltrieb gefrönt. Ich hatte ihn vor drei Jahren kastriert – was er mir nicht nachzutragen schien –, und er war zu einem gewichtigen, men-

SOFT TOFFEE
CORRECT WEIGHT

schenfreundlichen getigerten Kater herangewachsen. Groß, unerschütterlich, im Frieden mit seiner Welt. Zweifellos ein Kater mit enormer Ausstrahlung.

Und es hat mich immer stark beeindruckt, daß er in dieser Hinsicht aufs Haar seinem Herrn glich. Die beiden waren vom gleichen Schlag, und es überraschte nicht, daß sie einander so treu ergebene Freunde waren.

Als ich an die Reihe kam, konnte ich den Arm bis zu Alfred ausstrecken und kraulte ihn unterm Kinn. Er mochte das und reckte den Kopf weit nach oben, während das Schnurren aus dem weichen Brustkorb gerollt kam, bis es durch den ganzen Laden widerhallte.

Sogar mein Kauf der Hustendrops ging nicht ohne ein gewisses Zeremoniell ab. Der große Mann hinter der Theke schnupperte ernst an dem Päckchen und schlug sich dann mit der Hand mehrmals auf die Brust. «Man riecht förmlich, wie gut sie tun, Mr. Herriot, die heilenden Dämpfe. Diese Drops werden Sie unverzüglich wieder auf die Beine bringen.» Er verbeugte sich und lächelte, und ich hätte schwören können, daß Alfred ebenfalls lächelte.

Ich zwängte mich zwischen den Damen hindurch und trat hinaus, und als ich die Straße hinabging, staunte ich zum x-ten Male über das Phänomen Geoffrey Hatfield. Es gab noch mehrere andere Süßwarenläden in Darrowby, große Geschäfte mit

Schaufenstern links und rechts vom Eingang, die ihre Waren ansprechend auslegten, doch keines von ihnen machte auch nur entfernt einen solchen Umsatz wie das winzige Unternehmen, das ich soeben verlassen hatte. Zweifellos lag das einzig und allein an Geoffs unübertroffener Verkaufstechnik, und die war gewiß keine Schauspielerei; sie war geboren aus vollständiger und aufrichtiger Hingabe an seine Berufung, aus Freude an dem, was er tat.

Sein Benehmen und seine vornehme Sprechweise provozierten manch deftigen Kommentar von den Männern, die mit ihm im Alter von vierzehn Jahren die städtische Schule abgeschlossen hatten, und in den Pubs nannte man ihn oft den «Bischof», doch das war gutmütiger Spott, denn er war ein beliebter Mensch. Und die Damen vergötterten ihn natürlich und liefen ihm in hellen Scharen zu, um sich in seinen Aufmerksamkeiten zu sonnen.

Ungefähr einen Monat später war ich wieder in seinem Geschäft, um eine Tüte von der Lakritzmischung zu kaufen, die Rosie so gern hatte. Das Bild war unverändert: Geoffrey lächelnd und lautstark, Alfred an seinem Platz und jede Bewegung im Blick; beide strahlten Würde und Wohlergehen aus.

Als ich meine Süßigkeiten einpackte, flüsterte mir der Besitzer ins Ohr: «Ich schließe heute um zwölf Uhr und mache Mittagspause, Mr. Herriot. Würden Sie so freundlich sein, vorbeizukommen und Alfred zu untersuchen?»

«Ja, natürlich.» Ich schaute zum Ende des Ladentischs auf die große Katze. «Ist er krank?»

«Oh, nein, nein ... ich habe nur das Gefühl, daß irgend etwas nicht stimmt.»

Später klopfte ich an der verschlossenen Tür; Geoffrey ließ mich in den ausnahmsweise einmal leeren Laden und führte mich durch den mit dem Vorhang abgeteilten Durchgang in sein Wohnzimmer. Mrs. Hatfield saß am Tisch und trank Tee. Sie war eine viel bodenständigere Persönlichkeit als ihr Mann. «Hallo, Mr. Herriot, Sie sind gekommen, um sich den kleinen Kater anzusehen.»

«So klein ist der nicht», sagte ich lachend. Und wirklich, Alfred sah gewichtiger aus denn je, wie er dort am Feuer saß und ruhig in die Flammen schaute. Als er mich sah, stand er auf, stolzierte gemächlich über den Teppich und strich mit dem Buckel an meinen Beinen entlang. Ich fühlte mich seltsam geehrt.

«Er ist wirklich schön, nicht wahr?» murmelte ich. Ich hatte ihn mir seit geraumer Zeit nicht genauer angesehen, und das freundliche Gesicht mit den dunklen Streifen, die über seine

Stirn bis zu den intelligenten Augen verliefen, gefiel mir wie nie zuvor. «Ja», sagte ich und streichelte das Fell, das im Schein des flackernden Feuers üppig glänzte, «du bist ein hübscher großer Bursche.»

Ich drehte mich zu Mr. Hatfield um. «Mir kommt er gesund vor. Was macht Ihnen denn Sorgen?»

«Oh, vielleicht ist es ja gar nichts. An seinem Aussehen hat sich nicht das geringste verändert, doch mir fällt nun schon seit mehr als einer Woche auf, daß er nicht ganz so scharf auf sein Futter und nicht ganz so lebhaft ist wie sonst. Er ist nicht wirklich krank ... er ist nur anders.»

«Ich verstehe. Nun, dann wollen wir ihn uns mal anschauen.» Ich untersuchte die Katze gründlich. Die Temperatur war normal, die Schleimhäute von einem gesunden Rosa. Ich holte mein Stethoskop hervor und auskultierte Herz und Lunge – keine ungewöhnlichen Geräusche. Das Abtasten des Abdomens ergab keinen Hinweis.

«Nun, Mr. Hatfield», sagte ich, «allem Anschein nach fehlt ihm nichts. Vielleicht ist er ein wenig erschöpft, aber man sieht es ihm nicht an. Ich gebe ihm für alle Fälle eine Vitaminspritze. Die dürfte ihn aufmuntern. Sagen Sie mir in ein paar Tagen Bescheid, wenn es ihm nicht besser geht.»

«Ich bin Ihnen sehr verbunden, Sir. Ich danke Ihnen vielmals. Sie haben mir die Unruhe genommen.» Der große Mann streckte die Hand nach seinem Liebling aus. Doch sein besorgter Gesichtsausdruck strafte den zuversichtlichen Unterton in seiner Stimme Lügen. Als ich sie so zusammen sah, fiel mir erneut die Ähnlichkeit von Mann und Katze auf – Mensch und Tier, jawohl, aber ähnlich eindrucksvoll.

Eine Woche lang hörte ich nichts von Alfred und nahm an, er sei wieder wie immer, doch dann rief sein Herr an. «Er ist noch ganz genauso, Mr. Herriot. Wenn sich überhaupt etwas verändert hat, dann ein wenig zum Schlechteren. Ich wäre Ihnen verbunden, wenn Sie ihn sich noch einmal anschauen würden.»

Es war wie zuvor. Selbst bei genauer Beobachtung war nichts Bestimmtes zu erkennen. Ich verschrieb ihm eine Mischung aus Mineralien und Vitamintabletten. Es hatte keinen Sinn, eine Behandlung mit unseren neuen Antibiotika zu beginnen – die Temperatur war nicht erhöht, es gab kein Anzeichen für einen infektiösen Erreger.

Ich ging jeden Tag diese Straße entlang – sie war nur hundert Meter von Skeldale House entfernt –, und ich gewöhnte mir an, stehenzubleiben und durch das kleine Fenster in den Laden zu schauen. Jeden Tag bot sich die vertraute Szenerie: Geoffrey verbeugte sich vor seinen Kunden und lächelte, und Alfred saß an seinem Platz am Ende des Ladentischs. Alles schien in Ordnung zu sein, und doch … etwas war anders an der Katze.

Eines Abends ging ich noch einmal hin und untersuchte ihn. «Er verliert an Gewicht», sagte ich.

Geoffrey nickte. «Ja, ich glaube auch. Er frißt zwar immer noch ganz ordentlich, aber nicht mehr so viel wie früher.»

«Geben Sie ihm noch ein paar Tage mit den Tabletten», sagte ich, «und wenn es ihm dann nicht besser geht, muß ich ihn zu uns in die Praxis holen und mir die Sache mal genauer anschauen.»

Ich hatte die scheußliche Vorahnung, daß keine Besserung eintreten würde, und so kam es auch, deshalb nahm ich eines Abends einen Katzenkäfig in den Laden mit. Alfred war so groß, daß es gar nicht einfach war, ihn in das Behältnis zu befördern, aber er leistete keinen Widerstand, als ich ihn sanft hineinbugsierte.

In der Praxis nahm ich eine Blutprobe von ihm und röntgte ihn. Auf dem Röntgenbild war nichts zu sehen, und als der Bericht aus dem Labor kam, wies er keine Unregelmäßigkeit auf. Auf eine Art war das zwar beruhigend, aber es half nichts, denn der kontinuierliche Abbau setzte sich weiter fort. Die nächsten Wochen waren so etwas wie ein Alptraum. Mein ängstliches Spähen durch das Schaufenster wurde zu einer täglichen Zerreißprobe. Die große Katze saß noch auf ihrem Posten, doch sie wurde zusehends dünner, bis sie kaum noch wiederzuerkennen war. Ich probierte jedes Medikament und jede Behandlung aus, die mir einfielen, aber nichts schlug an. Ich ließ ihn von Siegfried untersuchen, doch er kam zum gleichen Ergebnis wie ich. Die fortschreitende Auszehrung war etwas, was man bei einem Tumor an einem inneren Organ erwarten würde, doch eine neue Röntgenaufnahme ergab wieder keinen Befund. Alfred mußte von dem vielen Herumgeschubstwerden, den Tests und dem Durchkneten seines Bauchs gründlich die Nase voll haben, doch er ließ sich nie etwas davon anmerken. Er nahm die ganze Sache so gelassen hin, wie es eben seine Art war.

Ein zweiter Umstand verschlimmerte die Lage. Geoff selber verfiel nämlich unter der Anspannung. Seine imponierende fleischliche Hülle fiel allmählich von ihm ab, die sonst blühenden Wangen waren bleich und eingesunken und, noch schlimmer, sein dramatisches Verkaufstalent schien ihn verlassen zu haben. Eines Tages gab ich meinen Beobachtungsposten am Fenster auf und zwängte mich in das Getümmel der Damen im Laden. Es war eine erschütternde Szene. Geoff, gebeugt und abgemagert, nahm die Bestellungen entgegen, ohne auch nur zu lächeln, füllte die Süßigkeiten teilnahmslos in die Tüten ab und murmelte ein Wort oder zwei. Verschwunden waren die Donnerstimme und das glückliche Plaudern der Kunden, und ein seltsames Schweigen lastete über der Gesellschaft. Es war wie in jedem anderen Süßwarenladen.

Den traurigsten Anblick jedoch bot Alfred, der immer noch

tapfer an seinem Platz saß. Er war unglaublich ausgemergelt, sein Fell hatte jeglichen Glanz verloren, und er blickte mit erloschenen Augen starr geradeaus, als ob ihn gar nichts mehr interessierte. Er war zur Karikatur einer Katze geworden.

Ich konnte es nicht länger mitansehen. An diesem Abend ging ich hinüber, um mit Geoff Hatfield zu sprechen.

«Ich habe heute Ihren Kater gesehen», sagte ich. «Mit ihm geht es rapide bergab. Gibt es irgendwelche neuen Symptome?»

Der große Mann nickte matt. «Ja, in der Tat. Ich wollte Sie schon anrufen. Er erbricht sich ein wenig.»

Ich ballte so fest die Fäuste, daß mir die Fingernägel ins Fleisch stachen. «Da ist es wieder. Alles deutet darauf hin, daß bei ihm innerlich etwas nicht normal ist, und doch kann ich nichts finden.» Ich beugte mich hinunter und streichelte Alfred. «Ich mag es gar nicht, ihn so zu sehen. Schauen Sie sich sein Fell an. Es hat immer so hübsch geglänzt.»

«Das stimmt», erwiderte Geoff. «Er vernachlässigt sich. Er putzt sich überhaupt nicht mehr. Es ist, als könnte er sich nicht dazu aufraffen. Und vorher konnte er gar nicht damit aufhören. Lecken, lecken, lecken, stundenlang, ohne Ende.»

Ich schaute ihn an. Seine Worte hatten einen Funken in meinem Kopf gezündet. «Lecken, lecken, lecken.» Ich schwieg und dachte nach. «Ja ... wenn ich es mir überlege, dann hat sich keine Katze, die ich je gesehen habe, so oft geputzt wie Alfred ...» Aus dem Funken wurde plötzlich eine Flamme, und ich schoß von meinem Stuhl hoch.

«Mr. Hatfield», sagte ich, «ich möchte eine Probe-Laparotomie vornehmen!»

«Was meinen Sie damit?»

«Ich glaube, er hat ein Haarknäuel im Bauch, und ich möchte ihn operieren, um herauszufinden, ob ich recht habe.»

«Sie meinen, ihn aufmachen?»

«Ja, genau das.»

Er hob die Hand vor die Augen, und das Kinn sank ihm auf die Brust. So blieb er lange stehen, dann sah er mich mit einem gehetzten Blick an. «Oh, ich weiß nicht. An so etwas habe ich noch gar nicht gedacht.»

«Wir müssen etwas unternehmen, sonst stirbt diese Katze.»

Er bückte sich und streichelte Alfred immer wieder den Kopf, dann sagte er, ohne hochzusehen: «Also gut, wann?»

«Morgen früh.»

Als Siegfried und ich uns am nächsten Tag im Operationsraum über die schlafende Katze beugten, arbeitete mein Hirn fieberhaft. Wir hatten in letzter Zeit zwar immer öfter Kleintiere operiert, aber da hatte ich stets gewußt, was mich erwartete. Diesmal hatte ich das Gefühl, ins Unbekannte vorzustoßen.

Ich schnitt durch die Haut, die Bauchmuskeln und das Bauchfell, und als ich nach vorn in Richtung Diaphragma griff, ertastete ich im Magen eine teigige Masse. Ich durchtrennte die Magenwand, und mein Herz machte einen Sprung. Da war es, ein großes, verfilztes Haarknäuel. Die Ursache für all die Probleme. Etwas, was auf dem Röntgenbild nicht zu erkennen war.

Siegfried grinste. «Jetzt wissen wir's!»

«Ja», sagte ich, während große Wellen der Erleichterung mich durchströmten. «Jetzt wissen wir's.»

Und da waren noch mehr Haare. Nachdem ich den Magen ausgeräumt und wieder zugenäht hatte, fand ich weitere, kleinere Haarknäuel, die über den ganzen Darm verteilt Beulen bildeten. Sie alle mußten entfernt und die Darmwand an mehreren Stellen genäht werden. Das gefiel mir gar nicht. Es bedeutete für meinen Patienten ein noch größeres Trauma und einen noch größeren Schock, aber schließlich war es geschafft, und man sah nur noch eine hübsche Reihe von Operationsnähten.

Als ich Alfred zu Hause ablieferte, brachte es sein Herr fast nicht über sich, ihn anzuschauen. Schließlich warf er einen schüchternen Blick auf seinen Kater, der immer noch von dem Anästhetikum betäubt war. «Wird er überleben?» flüsterte er.

«Seine Chancen stehen gut», erwiderte ich. «Er hat zwar eine größere Operation hinter sich, und vielleicht dauert es eine Weile, bis er sie verkraftet hat, aber er ist ja jung und kräftig. Er dürfte wieder in Ordnung kommen.»

Ich sah, daß Geoff nicht überzeugt war, und daran änderte

sich auch während der folgenden Tage nichts. Ich erschien immer wieder in dem kleinen Zimmer hinter dem Laden, um der Katze Penicillinspritzen zu geben, und es war nicht zu übersehen, daß er der Meinung war, Alfred müsse sterben.

Mrs. Hatfield war optimistischer, aber sie machte sich Sorgen um ihren Mann.

«Ach, er hat die Hoffnung aufgegeben», sagte sie. «Und nur deswegen, weil Alfred den ganzen Tag in seinem Bett liegt. Ich habe schon versucht, ihm zu erklären, daß es noch eine Weile dauern kann, bis die Katze wieder herumläuft, aber er will einfach nicht hören.»

Sie sah mich mit angsterfülltem Blick an. «Und, wissen Sie, Mr. Herriot, es macht ihn fertig. Er ist wie ausgewechselt. Manchmal frage ich mich, ob er je wieder der alte sein wird.»

Ich ging hinüber und spähte am Vorhang vorbei in den Laden. Geoff stand da und tat seine Arbeit wie ein Automat. Abgemagert, ohne ein Lächeln, schweigend händigte er die Süßigkeiten aus. Wenn er sprach, dann monoton und matt, und schockartig wurde mir klar, daß seine Stimme völlig ihr altes Timbre verloren hatte. Mrs. Hatfield hatte recht. Er war wie ausgewechselt. Und, dachte ich, wenn er so blieb, was würde dann aus seinen Kunden werden? Bis zu diesem Zeitpunkt hatten sie ihm noch die Treue gehalten, doch ich ahnte, daß sie bald beginnen würden wegzubleiben.

Es verging noch eine Woche, bis das Bild sich allmählich zum Besseren veränderte. Ich betrat das Wohnzimmer, aber Alfred war nicht da.

Mrs. Hatfield sprang von ihrem Stuhl auf. «Es geht ihm schon viel besser, Mr. Herriot», sagte sie eifrig. «Er frißt gut und wollte in den Laden. Er ist mit Geoff drüben.»

Wieder warf ich einen verstohlenen Blick am Vorhang vorbei. Alfred war wieder auf seinem Posten, noch mager zwar, aber er saß aufrecht da. Sein Herr jedoch sah kein bißchen besser aus.

Ich drehte mich wieder ins Zimmer zurück. «Von nun ab brauche ich nicht mehr zu kommen, Mrs. Hatfield. Ihr Kater ist auf dem besten Wege, gesund zu werden. Bald ist er wieder der alte.»

Was den Kater anbetraf, war ich ziemlich zuversichtlich, nur bei Geoff hatte ich gewisse Zweifel.

Bald danach war ich wie in jedem Frühjahr vollauf beschäftigt mit dem Lammen und der Flut von Problemen, die es mit sich brachte, und ich hatte wenig Zeit, an meine anderen Fälle zu denken. So waren wohl drei Wochen vergangen, bis ich wieder in das Süßwarengeschäft kam, um für Helen ein paar Schokoladenbonbons zu kaufen. Der Laden war brechend voll, und als ich mich hineindrängte, fielen mir all meine Befürchtungen ein, und bang schaute ich Mann und Katze an.

Alfred, wieder gewichtig und würdevoll, thronte wie ein König am anderen Ende der Ladentafel. Geoff stützte sich mit beiden Händen auf dem Tisch auf und schaute einer Dame von nahem ins Gesicht. «Wenn ich Sie recht verstehe, Mrs. Hird, suchen Sie ein Konfekt von etwas weicherer Konsistenz.» Die volle Stimme schallte durch den kleinen Laden. «Meinen Sie vielleicht eine türkische Spezialität?»

«Nein, Mr. Hatfield, es war nicht so …»

Der Kopf sank ihm auf die Brust, und er betrachtete mit scharfer Konzentration die polierte Ladentafel. Dann blickte er auf und schob das Gesicht noch näher an das der Dame heran. «Eine Pastille vielleicht …?»

«Nein … nein.»

«Ein Trüffel? Ein Weichkaramel? Eine Pfefferminz-Creme?»

«Nein, nichts von alledem.»

Er richtete sich auf. Dies war ein schwerer Fall. Er verschränkte die Arme vor der Brust, und während er ins Leere schaute und den tiefen Atemzug tat, den ich so gut kannte, sah ich, daß er wieder ein großer Mann geworden war: seine Schultern dehnten sich breit, sein Gesicht hatte eine gesunde Farbe und war wieder voll.

Da seine Innenschau ihn nicht weitergebracht hatte, preßte er die Kiefer aufeinander und drehte das Gesicht nach oben, erhoffte sich mehr Inspiration von der Decke. Alfred blickte, wie ich bemerkte, ebenfalls nach oben.

Es herrschte gespanntes Schweigen, während Geoff in dieser Pose verharrte, dann breitete sich auf seinen edlen Zügen langsam ein Lächeln aus. Er erhob den Zeigefinger. «Madam», sagte er, «ich glaube, ich hab's. Weißlich, sagten Sie ... zuweilen rosa ... fast schon breiig ... Darf ich Ihnen ... Marshmallows vorschlagen?»

Mrs. Hird schlug mit der Hand auf den Tisch. «Ja, das ist es, Mr. Hatfield. Der Name wollte mir einfach nicht einfallen.»

«Ha-ha, hab ich's mir doch gedacht», dröhnte der Besitzer, dessen Orgeltöne bis zum Dach hinaufrollten. Er lachte, die Damen lachten und, da war ich ganz sicher, Alfred ebenfalls.

Alles war wieder gut. Jedermann im Laden war glücklich – Geoff, Alfred, die Kundinnen und, nicht zuletzt, James Herriot.

Oscar, der Salonlöwe

«JIM! JIM!»

Ich ging hinaus und blickte über das Treppengeländer. «Was ist denn los, Tris?»

«Ich möchte dich nicht stören, Jim, aber könntest du schnell mal herunterkommen?»

Als ich unten ankam, führte Tristan mich in das Sprechzimmer.

Ein kleines Mädchen stand am Tisch, auf dem eine schmutzige, zusammengerollte Decke lag.

«Es ist ein Kater», sagte Tristan. Er schlug die Decke zurück, und ich sah einen dicken Tigerkater. Das heißt, er wäre dick gewesen, wenn er etwas Fleisch auf den Knochen gehabt hätte, aber er war nur Haut und Knochen, und als ich mit der Hand über den reglosen Körper fuhr, fühlte ich nur die dünne Haut.

Tristan räusperte sich. «Da ist noch etwas, Jim.»

Ich sah ihn neugierig an. Dieses Mal schien er nicht zu Späßen aufgelegt zu sein. Er hob sanft ein Hinterbein des Katers an und rollte ihn auf den Rücken. Der Bauch war aufgeschlitzt, und die Eingeweide hingen in einem grotesken Wirrwarr heraus.

«Ich hab ihn im Dunkeln sitzen sehen, da unten auf Browns Farm», sagte das Mädchen. «Ich wollte ihn streicheln. Und da sah ich, daß er so schwer verletzt ist, und ich habe schnell von zu Haus eine Decke geholt und ihn zu Ihnen gebracht.»

«Das war sehr nett von dir», sagte ich. «Hast du eine Ahnung, wem er gehören könnte?»

Das Mädchen schüttelte den Kopf. «Nein. Sieht wie ein Streuner aus.»

«Das kann man wohl sagen.» Ich blickte von der entsetzlichen Wunde weg. «Du bist doch Marjorie Simpson?»

«Ja.»

«Ich kenne deinen Vater gut. Er ist unser Briefträger.»

«Stimmt.» Sie versuchte zu lächeln, aber ihre Lippen zitterten. «Ich lasse ihn am besten bei Ihnen. Sie machen Schluß mit ihm. Sonst ist da wohl nichts mehr zu tun ...?»

Ich schüttelte den Kopf. Die Augen des Mädchens füllten sich mit Tränen. Sie berührte noch einmal das magere Tier und ging schnell aus dem Zimmer.

«Nochmals vielen Dank, Marjorie», rief ich ihr nach. «Und sei beruhigt – wir kümmern uns um den Kater.»

Schweigend sahen wir uns das so übel zugerichtete Tier an. Unter der hellen Lampe war es nur zu leicht zu erkennen. Die heraushängenden Gedärme waren mit Schmutz und Sand beschmiert.

«Wie kann das passiert sein?» fragte Tristan schließlich. «Ist er überfahren worden?»

«Vielleicht», antwortete ich. «Oder ein großer Hund, oder jemand hat ihn getreten oder geschlagen.» Bei Katzen muß man auf alles gefaßt sein, denn manche Leute scheinen sie für Freiwild zu halten, an dem man seine Grausamkeit austoben kann.

Tristan nickte. «Was auch immer, am Verhungern war er jedenfalls auch. Wahrscheinlich ist er meilenweit von zu Hause weggelaufen.»

«Da bleibt nur eines übrig», seufzte ich.

Tristan sagte nichts, pfiff leise vor sich hin und fuhr dem Tier sanft mit dem Zeigefinger über den Hals. Und da geschah das Unglaubliche: ein leichtes Schnurren ertönte aus der mageren Brust.

Tristan sah mich mit großen Augen an. «Mein Gott, hast du das gehört?»

«Ja ... erstaunlich in diesem Zustand. Er ist gutmütig.»

Tristan streichelte den Kater weiter. Ich wußte, wie ihm zumute war, denn obgleich er sich unseren Patienten gegenüber stets kühl und gelassen verhielt, konnte er mir nicht verheimlichen, daß Katzen sein wunder Punkt waren.

«Es nützt nichts, Tris», sagte ich sanft. «Wir müssen es tun.» Ich griff nach der Spritze, aber etwas in mir sträubte sich. Ich zog ein Stück der Decke über den Kopf des Katers.

«Gieß etwas Äther auf die Decke», sagte ich. «Er wird einfach einschlafen.»

Tristan öffnete die Flasche und hielt sie über den Kopf des Tieres. Dann hörten wir es wieder: ein tiefes Schnurren.

Tristan war wie versteinert. Er starrte auf das Bündel. Schließlich blickte er auf und schluckte. «Es gefällt mir gar nicht, Jim. Können wir nicht irgend etwas tun?»

«Du meinst, das alles wieder reinstecken?»

«Ja.»

«Aber die Därme sind verletzt – wie ein Sieb.»

«Wir könnten sie doch zusammennähen?»

Ich hob die Decke auf und sah es mir noch einmal an. «Ehrlich, Tris, ich wüßte nicht, wo ich anfangen sollte. Und all der Schmutz.»

Er sagte nichts und blickte mir nur fest in die Augen. Er brauchte mich nicht zu überreden. Auch ich hatte keine Lust, Äther auf das zutraulich schnurrende Tier zu gießen.

«Na schön», sagte ich. «Versuchen wir's.»

Wir setzten den Kater unter Narkose und wuschen zuerst

die Därme mit warmer Salzlösung aus. Wir wiederholten es mehrere Male, aber es schien unmöglich, all den festgeklebten Schmutz wegzubekommen. Dann begannen wir mit der mühseligen Arbeit, all die Löcher in den Därmen zuzunähen, und ich war froh, daß Tristan mit seinen kleinen, geschickten Händen die winzige Nadel viel besser als ich zu fassen kriegte.

Nach zwei Stunden streuten wir Sulfonamid auf die Oberfläche des Bauchfells und schoben die ganze Masse in den Leib zurück. Als ich das Muskelgewebe und die Haut zugenäht hatte, sah alles recht ordentlich aus, aber ich hatte das unangenehme Gefühl, vieles außer acht gelassen zu haben. Eine Bauchfellentzündung war so gut wie unvermeidlich.

«Jedenfalls lebt er, Tris», sagte ich, als wir die Instrumente auswuschen. «Wir halten ihn unter Sulfapyridin, und dann können wir nur die Daumen drücken.» Es gab damals noch keine Antibiotika, aber die neue Droge war schon ein großer Fortschritt.

Die Tür ging auf, und Helen kam herein. «Du hast lange gebraucht, Jim.» Sie trat an den Tisch und blickte auf den schlafenden Kater. «Das arme, magere Ding. Nur Haut und Knochen.»

«Sie hätten ihn sehen sollen, als er ankam.» Tristan stellte den Sterilisator ab. «Er sieht schon viel besser aus.»

Sie streichelte das Tier. «Ist er schwer verletzt?»

«Leider, Helen», sagte ich. «Wir haben das Mögliche für ihn getan, aber ehrlich gesagt, ich glaube nicht, daß er eine Chance hat.»

«Wie schade. Und er ist so hübsch. Vier weiße Füße und all die Farben.» Sie fuhr mit dem Finger über die rötlichen und kupfergoldenen Streifen im Fell.

Tristan lachte. «Ja, er hat bestimmt einen roten Kater unter seinen Vorfahren.»

Helen lief in die Speisekammer und kam mit einem leeren Karton zurück. «Ja ... ja ...», sagte sie nachdenklich. «Ich werde ihm ein Bett in diesem Karton machen, und er wird bei uns im Zimmer schlafen, Jim.»

«Ja?»

«Er braucht doch Wärme, nicht wahr?»

«Natürlich.»

Später sah ich von meinem Bett im dunklen Zimmer auf das häusliche Idyll. Sam lag in seinem Korb auf der einen Seite des Kaminfeuers und der Kater im ausgepolsterten Karton auf der anderen.

Als ich endlich einschlief, freute ich mich, daß mein Patient es so behaglich hatte, aber ich fragte mich, ob er am Morgen noch leben würde.

Um halb acht Uhr morgens lebte er jedenfalls noch. Helen war schon auf und sprach mit ihm. Ich ging durch das Zimmer

und sah mir den Kater an. Ich streichelte ihn unter dem Kinn, er öffnete das Maul und stieß ein heiseres Miau aus. Aber er bewegte sich nicht.

«Helen», sagte ich. «Der kleine Kerl ist innen ganz vernäht. Er wird mindestens eine Woche lang von flüssiger Nahrung leben müssen, und höchstwahrscheinlich schafft er es auch dann nicht. Wenn er hier oben bleibt, wirst du ihm ständig Milch einlöffeln müssen.»

«Schon gut.»

In den nächsten Tagen gab sie ihm nicht nur Milch. Fleischextrakt, gesiebte Brühe und alle möglichen Arten von Babynahrung wurden ihm regelmäßig eingeflößt. Eines Tages sah ich Helen um die Mittagszeit am Karton knien.

«Wir werden ihn Oscar nennen», sagte sie.

«Du meinst, wir werden ihn behalten?»

«Ja.»

Ich habe Katzen gern, aber wir hatten bereits einen Hund in unserem kleinen Wohnbereich, und ich sah Schwierigkeiten voraus. Aber ich ließ Helen ihren Willen.

«Warum Oscar?»

«Ich weiß nicht.» Helen benetzte die kleine rote Zunge mit ein paar Tropfen Bratensauce und sah gespannt zu, wie er schluckte.

Was ich an Frauen schätze, ist ihre Unergründlichkeit, und ich ließ vorläufig die Angelegenheit auf sich beruhen. Aber alles verlief sonst zu meiner Zufriedenheit. Ich gab ihm alle sechs Stunden etwas Sulfapyridin und nahm morgens und abends die Temperatur. Jeden Augenblick erwartete ich hohes Fieber, Erbrechen und die übrigen Anzeichen der Peritonitis. Aber nichts dergleichen geschah.

Oscar mußte instinktiv gefühlt haben, daß jede Bewegung für ihn gefährlich war, denn er lag Tag für Tag still, schaute uns nur an – und schnurrte.

Sein Schnurren wurde uns zur Lebensgewohnheit, und als er schließlich sein Lager verließ, durch die Küche streifte und in Sams Freßnapf Fleischbrocken naschte, war es wie ein Triumph für uns. Und ich brauchte mich nicht zu fragen, wann er bereit war, feste Nahrung zu sich zu nehmen. Er wußte es.

Von da an war es eine reine Freude, die einstige Vogelscheuche immer kräftiger werden zu sehen, und allmählich zeigte sich auch die wahre Schönheit seines Felles mit den rötlichen, schwarzen und goldenen Schattierungen. Wir hatten einen hübschen Kater.

Als Oscar sich erholt hatte, besuchte Tristan uns regelmäßig. Wahrscheinlich sagte er sich mit vollem Recht, daß eigentlich er Oscar das Leben gerettet hatte, und er erfand immer neue Spiele für ihn.

Überhaupt war Oscar eine willkommene Bereicherung für unseren kleinen Haushalt. Sam war begeistert von ihm, und die beiden waren bald gute Freunde. Ich sagte mir jeden Abend, daß eine Katze vor dem Kamin einem Raum erst die richtige Behaglichkeit gab.

Seit Wochen gehörte Oscar zu unserer Familie, und als ich eines Abends spät nach Hause kam, erwartete Helen mich mit einem verzweifelten Gesicht.

«Was ist passiert?» fragte ich.

«Oscar – er ist fort!»

«Fort? Was soll das heißen?»

«O Jim, ich glaube, er ist weggelaufen.»

Ich starrte sie an. «Das tut er doch nicht. Er geht oft abends in den Garten hinunter. Bist du sicher, daß er nicht dort ist?»

«Absolut. Ich habe jeden Zentimeter abgesucht, sogar in der Stadt bin ich gewesen. Und erinnere dich ...» Ihr Kinn zitterte. «Er ... er ist doch schon einmal von irgendwo weggelaufen.»

Ich sah auf meine Uhr. «Es ist zehn. Ja, seltsam. Er sollte jetzt nicht draußen sein.»

Es klingelte an der Tür. Ich stürzte die Treppe hinunter, und als ich um die Ecke des Flures bog, sah ich Mrs. Heslington, die Pfarrfrau, hinter der Glasscheibe. Ich riß die Tür auf. Sie hielt Oscar im Arm.

«Ich glaube, das ist Ihre Katze, Mr. Herriot», sagte sie.

«Tatsächlich, Mrs. Heslington. Wo haben Sie ihn gefunden?»

Sie lächelte. «Es war recht seltsam. Wir hatten eine Versammlung des Frauenausschusses im Gemeindesaal, und da sahen wir die Katze im Raum sitzen.»

«Einfach sitzen ...?»

«Ja. Sie schien uns richtig zuzuhören, und es gefiel ihr. Höchst merkwürdig. Als die Versammlung zu Ende war, dachte ich mir, ich bringe sie zu Ihnen zurück.»

«Ich bin Ihnen sehr dankbar, Mrs. Heslington.» Ich nahm Oscar und klemmte ihn unter den Arm. «Meine Frau ist außer sich – sie dachte schon, er sei weg.»

Es war rätselhaft. Warum war er plötzlich davongelaufen? Aber da sich in den folgenden Wochen nichts an seinem Betragen änderte, dachten wir nicht mehr daran.

Dann brachte eines Abends ein Mann seinen Hund zur Staupeimpfung und ließ die Tür offen. Als ich in unsere Wohnung zurückkam, sah ich, daß Oscar wieder verschwunden war. Dieses Mal durchsuchten Helen und ich vergeblich den Marktplatz und alle Seitengäßchen, und als wir zurückkehrten, waren wir beide verzagt. Es war fast elf Uhr, als wir uns schließlich entschlossen, zu Bett zu gehen, und da klingelte es an der Tür.

Wieder war es Oscar, und dieses Mal ruhte er auf dem dicken Bauch Jack Newboulds. Jack lehnte sich an den Türpfosten, und die frische Landluft der dunklen Straße vermischte sich mit einem starken Geruch nach Bier.

Jack war Gärtner in einem der großen Häuser. Er lächelte mir zu und rülpste leise. «Hier ist Ihr Kater, Mr. Herriot.»

«Ach, vielen Dank, Jack», sagte ich und nahm Oscar dankbar in Empfang. «Wo haben Sie ihn denn gefunden?»

«Eigentlich hat er eher mich gefunden.»

«Wie bitte?»

Jack schloß die Augen, und dann brachte er hervor: «Es war ein großer Abend, Mr. Herriot. Dartswettbewerb. 'ne Menge Leute im *Dog and Gun*. Große Versammlung.»

«Und unser Kater war da?»

«Ja, er war da. Saß bei den Jungs. Hat den ganzen Abend mit uns verbracht.»

«Saß einfach da, was?»

«Jawohl.» Jack kicherte vergnügt. «Hat sich toll amüsiert. Hab ihm vom besten Bier aus meinem Glas zu kosten gegeben, und einmal dachte ich fast, er würde mit um die Wette werfen. Ein toller Kater, muß ich sagen.» Er lachte wieder.

Als ich Oscar nach oben brachte, war ich nachdenklich. Was ging hier vor? Diese plötzlichen Ausflüge regten Helen auf, und auch mir gingen sie auf die Nerven.

Der nächste kam sehr bald. Drei Abende später war er wieder fort. Dieses Mal suchten wir ihn erst gar nicht – wir warteten.

Er kehrte früher als gewöhnlich heim. Um neun Uhr klingelte es an der Tür. Es war die ältliche Miss Simpson, die durch die Scheibe guckte. Und sie hielt Oscar nicht – er saß auf der Matte.

Miss Simpson beobachtete mit Interesse, wie der Kater die

Treppen hinaufstieg. «Ach, ich bin ja so froh, daß er sicher zu Hause ist. Ich weiß, daß er Ihnen gehört, und ich habe mich den ganzen Abend über sein Betragen gewundert.»

«Wo war er denn … wenn ich fragen darf?»

«Ach, im Frauenverein. Er kam gerade herein, als wir anfingen, und blieb bis zum Ende.»

«So? Was stand denn auf dem Programm, Miss Simpson?»

«Nun, zuerst eine Komiteesitzung und dann ein Lichtbildervortrag von Mr. Walters über die Wasserversorgung, und zum Schluß ein Kuchen-Backwettbewerb.»

«Ja … ja … und was hat Oscar gemacht?»

Sie lachte. «Er hat an allem teilgenommen, hat sich für die Lichtbilder interessiert und natürlich ganz besonders unsere Kuchenproben genossen.»

«Und haben Sie ihn nach Haus gebracht?»

«Nein, er kam von ganz allein mit. Aber da ich ja auf meinem Heimweg sowieso an Ihrem Haus vorbei muß, habe ich geklingelt, damit Sie wissen, daß er da ist.»

«Das war sehr lieb von Ihnen, Miss Simpson. Wir waren ein wenig besorgt.»

Ich eilte die Treppe hinauf. Helen hatte die Katze auf dem Schoß und blickte auf, als ich ins Zimmer stürzte.

«Jetzt weiß ich, was mit Oscar los ist», sagte ich.

«Was weißt du?»

«Warum er abends verschwindet. Er läuft gar nicht weg – er geht nur auf Besuch.»

«Auf Besuch?»

«Ja. Er geht gern aus, liebt Gesellschaft, besonders, wenn viele Menschen beisammen sind, und interessiert sich für alles. Er ist einfach gesellig.»

Helen blickte auf das Pelzknäuel in ihrem Schoß. «Natürlich … das ist es … er ist ein Salonlöwe!»

Wir lachten erleichtert, und Oscar schaute uns sichtlich vergnügt an und schnurrte. Bisher hatten wir immer gefürchtet, daß er uns weglaufen würde, aber jetzt waren wir sicher, daß er immer wiederkam.

Von jenem Abend an hatten wir immer mehr Freude an ihm. Es war besonders amüsant, gerade diese Charaktereigenschaft an ihm zu beobachten. Er nahm äußerst gewissenhaft an allen gesellschaftlichen Anlässen der Stadt teil, wurde zu einem bekannten und beliebten Gast bei Whistturnieren, Schulkonzerten, Pfadfinderveranstaltungen, Wohltätigkeitsbasaren und Auktionen.

Meistens wurde er herzlich empfangen, nur die landwirtschaftliche Kreiskommission warf ihn zweimal hinaus, weil sie ihn nicht bei ihren Sitzungen dabeihaben wollte.

Zuerst hatte ich mir Sorgen gemacht, wie er durch den Verkehr kommen würde, aber ich sah ihm ein paarmal nach und

JUMBLE
HALL

bemerkte, daß er sich nach allen Seiten umblickte, bevor er eine Straße überquerte.

Alles in allem dankten Helen und ich dem Schicksal, daß es Oscar zu uns gebracht hatte. Er war zu einem Teil unseres häuslichen Lebens geworden.

Dann kam der Schlag ganz unerwartet.

Ich war mit der Abendsprechstunde fast fertig, und im Wartezimmer saßen nur noch ein Mann und zwei kleine Jungen.

«Der nächste, bitte», sagte ich.

Der Mann stand auf. Er hatte kein Tier bei sich. Er war im mittleren Alter und mußte, aus seinem verwitterten Gesicht zu schließen, ein Landarbeiter sein. Er fingerte nervös an seiner Mütze.

«Mr. Herriot?» sagte er.

«Ja, was wünschen Sie?»

Er schluckte, und dann sah er mir in die Augen. «Ich glaube, Sie haben meine Katze.»

«Wie bitte?»

«Meinen Kater. Hab ihn vor einiger Zeit verloren.» Er räusperte sich. «Wir wohnten damals in Missdon, aber dann bekam ich eine Stelle als Pflugführer bei Mr. Horne in Wederly. Und als wir nach Wederly umzogen, ist das Tier verschwunden. Wahrscheinlich wollte er ins alte Zuhause zurück.»

«Wederly? Das liegt doch jenseits von Brawton – über dreißig Meilen entfernt.»

«Ja, ich weiß, aber Katzen sind nun mal komisch.»

«Und wie kommen Sie darauf, daß ich Ihren Kater habe?»

Er drehte seine Mütze in der Hand. «Ein Vetter von mir hier in Darrowby hat mir von der Katze erzählt, die immer auf Versammlungen geht. Da mußte ich kommen. Wir haben ihn überall gesucht.»

«Sagen Sie mal», fragte ich, «wie sah Ihr Kater denn aus?»

«Grau und schwarz und rötlich und gelb. Hübsch. Und er ist auch immer auf Versammlungen gegangen.»

Eine kalte Hand schien mein Herz zu umklammern. «Dann kommen Sie mal bitte herauf. Sind das Ihre Jungs? Bringen Sie die beiden doch mit.»

Helen legte gerade Kohlen ins Feuer.

«Helen», sagte ich. «Das ist Mr. … äh … wie war doch Ihr Name?»

«Gibbons. Sep Gibbons. Ich wurde Septimus getauft, weil ich der siebte in der Familie war, und mir wird's wohl auch so gehen, denn ich hab schon sechs. Das hier sind unsere beiden Jüngsten.» Die beiden waren offenbar Zwillinge, etwa acht Jahre alt, und blickten feierlich drein.

«Mr. Gibbons glaubt, Oscar gehöre ihm. Er hat seinen Kater vor einiger Zeit verloren.»

Meine Frau legte die kleine Schaufel hin. «Oh … oh …» Sie versuchte zu lächeln. «Bitte, nehmen Sie doch Platz. Oscar ist in der Küche, ich hole ihn.»

Sie kam mit der Katze im Arm zurück. Kaum war sie in der Tür, als die beiden Jungen aufschrien:

«Tiger! O Tiger, Tiger!»

Das Gesicht des Mannes schien aufzuleuchten. Er ging auf Helen zu und streichelte das Tier mit rauhen Händen.

«Da bist du ja, alter Freund», sagte er und drehte sich strahlend nach mir um. «Er ist es, Mr. Herriot, er ist es, und sieht er nicht blendend aus?»

«Sie nennen ihn Tiger?» fragte ich.

«Ja», erwiderte er fröhlich. «Wegen der roten Streifen. Die Kinder haben ihn so genannt. Sie waren untröstlich, als er verlorenging.»

Die beiden kleinen Jungen wälzten sich auf dem Boden, und Oscar spielte mit ihnen und schnurrte glücklich.

Sep Gibbons setzte sich wieder. «So war es immer. Stundenlang haben sie mit ihm gespielt. Gott, haben wir ihn vermißt. War uns richtig ans Herz gewachsen.»

Ich blickte auf seine brüchigen Fingernägel und das ehrliche Gesicht, das so vielen glich, die ich kennen- und schätzengelernt habe. Landarbeiter wie er verdienten damals dreißig Shilling in der Woche, und das sah man: an der abgetragenen Jacke, den Stiefeln und der offensichtlich von den Brüdern vererbten Kleidung der Jungen.

Ich wußte nicht, was ich sagen sollte.

Helen sagte es für mich. «Nun, Mr. Gibbons.» Sie klang unnatürlich heiter. «Dann nehmen Sie ihn am besten gleich mit.»

Der Mann zögerte. «Sind Sie wirklich sicher, Mrs. Herriot?»

«Ja ... ja ... ich bin sicher. Es ist ja Ihr Kater.»

«Ja, aber Sie haben ihn doch gefunden. Ich bin ja nicht gekommen, um ihn zurückzuverlangen. Dazu hab ich doch kein Recht.»

«Das weiß ich, Mr. Gibbons, aber Sie haben ihn all die Jahre gehabt und so lange nach ihm gesucht. Wir können ihn Ihnen doch nicht wegnehmen.»

Er nickte rasch. «Das ist sehr nett von Ihnen.» Er wartete eine Weile mit ernstem Gesicht, dann bückte er sich und nahm Oscar auf den Arm. «Jetzt müssen wir aber gehen, wenn wir noch den Acht-Uhr-Bus kriegen wollen.»

Helen streichelte den Kater noch einmal. Dann wandte sie sich an die Jungen. «Ihr gebt gut auf ihn acht, nicht wahr?»

«Ja, Mrs. Herriot, machen wir.» Die beiden strahlten.

«Ich bringe Sie hinunter, Mr. Gibbons», sagte ich.

Ich hatte damals die Angewohnheit, beim Treppensteigen zwei oder drei Stufen auf einmal zu nehmen, aber als ich wieder hinaufging, tat ich es langsam, mit zugeschnürter Kehle. Ich verfluchte mich für meine alberne Sentimentalität, aber als ich oben ankam, fand ich wenigstens einen Trost. Helen hatte es bemerkenswert gut aufgenommen. Sie hatte sehr an der Katze gehangen, und ich hätte angenommen, daß es sie schrecklich mitnehmen würde. Aber nein, sie hatte sich ruhig und vernünftig benommen. Bei Frauen weiß man ja nie, aber ich war froh.

Jetzt war es an mir, mich beherrscht zu zeigen. Ich zwang mich zu einem heiteren Lächeln und trat ins Zimmer.

Helen saß über den Tisch gebeugt. Sie zitterte am ganzen Körper und schluchzte fassungslos.

So hatte ich sie noch nie gesehen, und ich war entsetzt! Ich versuchte, etwas Tröstliches zu sagen, aber sie weinte weiter. Hilflos setzte ich mich neben sie und streichelte ihren Kopf. Vielleicht hätte ich doch etwas sagen können, aber ich fühlte mich ebenso elend wie sie.

Nach einer Weile kommt man über so etwas hinweg. Schließlich, so sagten wir uns, war Oscar ja nicht gestorben – er war bei guten Menschen, die für ihn sorgten.

Und natürlich hatten wir immer noch unseren geliebten Sam, obgleich auch er in der ersten Zeit stets traurig an der Stelle schnüffelte, wo Oscars Bett gestanden hatte, und dann mit einem trübseligen Seufzer auf den Teppich sank.

Und dann hatte ich eine Idee. Es war einen Monat nach dem traurigen Abend, als wir in Brawton aus dem Kino kamen. Ich schaute auf die Uhr.

«Es ist erst acht», sagte ich. «Wie wär's, wenn wir Oscar besuchten?»

Helen blickte mich überrascht an. «Du willst nach Wederly fahren?»

«Ja, es sind ja nur fünf Meilen.»

Ein Lächeln huschte über ihr Gesicht. «Das wäre wunderbar. Aber meinst du, es würde ihnen was ausmachen?»

«Den Gibbons? Nein, bestimmt nicht. Fahren wir los.»

Wederly war ein großes Dorf, und das Haus des Pflugführers lag ganz unten, ein paar Meter hinter der Methodistenkirche.

Eine geschäftig aussehende kleine Frau antwortete auf mein Klopfen. Sie trocknete sich die Hände an einem gestreiften Handtuch ab.

«Mrs. Gibbons?» sagte ich.

«Ja, das bin ich.»

«Ich bin James Herriot – und das ist meine Frau.»

Sie sah uns verständnislos an. Der Name schien ihr nichts zu sagen.

«Wir hatten Ihre Katze bei uns», fügte ich hinzu.

Plötzlich grinste sie und winkte uns mit dem Handtuch zu. «Ach ja, jetzt erinnere ich mich. Sep hat mir von Ihnen erzählt. Kommen Sie herein.»

Die Wohnküche gab ein genaues Bild des Lebens mit sechs Kindern bei dreißig Shilling in der Woche. Wackliges Mobiliar, geflickte und gestopfte Wäsche an der Wäscheleine, schwarzes Kochgeschirr und eine heillose Unordnung.

Sep stand von seinem Stuhl am Feuer auf, legte seine Zeitung und seine Drahtbrille weg und schüttelte uns die Hände.

«Das ist aber nett, daß Sie gekommen sind. Ich habe meiner Frau oft von Ihnen erzählt.»

Seine Frau hängte das Handtuch auf. «Ja, und ich freue mich, Sie beide kennenzulernen. Ich mach schnell mal Tee.»

Lachend schleppte sie einen Eimer mit schmutzigem Wasser in eine Ecke. «Hab gerade die Fußballtrikots gewaschen. Heute abend haben die Jungs sie mir gegeben – als ob ich nicht schon sonst genug zu tun hätte.»

Als sie das Wasser in den Teekessel laufen ließ, blickte ich mich um. Aber nirgends war eine Katze zu sehen. Er war doch nicht etwa wieder davongelaufen?

Erst als der Tee eingegossen war, traute ich mich, das Thema anzuschneiden.

Wie ganz nebenbei sagte ich: «Und wie geht es Tiger?»

«Ach, wunderbar», erwiderte die Frau. Sie sah auf die Wanduhr. «Er sollte jeden Augenblick zurück sein, dann können Sie ihn sehen.»

Sep hob den Zeigefinger. «Ich glaube, ich höre ihn.»

Er stand auf, öffnete die Tür, und unser Oscar stolzierte majestätisch herein. Mit einem Blick hatte er Helen erkannt und sprang ihr auf den Schoß.

«Er kennt mich», flüsterte sie. «Er kennt mich.»

Sep nickte lächelnd. «Klar. Sie waren gut zu ihm. Er wird Sie nie vergessen, und wir auch nicht, nicht wahr, Mutter?»

«Nein, Mrs. Herriot», sagte seine Frau und bestrich eine Scheibe Lebkuchen mit Butter. «Sie waren wirklich sehr gut zu ihm, und ich hoffe, Sie besuchen uns noch oft, wenn Sie in der Nähe sind.»

«Vielen Dank», sagte ich. «Mit Vergnügen – wir kommen oft nach Brawton.»

Ich kraulte Oscars Kinn, und dann wandte ich mich wieder an Mrs. Gibbons. «Übrigens, es ist schon nach neun. Wo war er denn bis jetzt?»

Sie legte das Buttermesser hin und dachte nach.

«Warten Sie mal», sagte sie. «Es ist doch Donnerstag, nicht wahr? Ach, jetzt weiß ich's. Heute abend war der Yogakurs.»

Boris und Mrs. Bond

«KATZEN SIND MEIN EIN UND ALLES.»

Mit diesen Worten begrüßte mich Mrs. Bond, als ich das erste Mal zu ihr kam. Dabei schob sie energisch das Kinn vor und ergriff meine Hand mit festem Druck. Sie war eine Frau mittleren Alters, mit einem scharf geschnittenen, ausdrucksvollen Gesicht und von imponierender Gestalt. Da ich ihr auf keinen Fall zu widersprechen gedachte, nickte ich nur ernst und verständnisvoll und ließ mich von ihr ins Haus führen.

Ich sah sofort, was sie meinte. Die große Wohnküche war über und über von Katzen bevölkert: sie lagen auf Sofas und Stühlen, wälzten sich auf dem Boden, hockten reihenweise auf den Fensterbrettern und kauerten in allen Winkeln und Ecken. Und mitten in diesem Tohuwabohu saß der kleine Mr. Bond, bleich und glatzköpfig, in Hemdsärmeln und las die Zeitung – ein Anblick, der mir mit der Zeit sehr vertraut werden sollte.

Ich hatte natürlich schon von den Bonds gehört. Sie stammten aus London und hatten sich aus irgendeinem unerklärlichen Grund North Yorkshire als Ruhesitz gewählt. Sie lebten still für sich mit ihren Katzen in einem alten Haus, das sie gekauft hatten, an der Peripherie von Darrowby. Anscheinend hatten sie ein bißchen Geld. Man hatte mir erzählt, daß Mrs. Bond es sich zur Gewohnheit gemacht habe, streunende Tiere aufzunehmen, sie zu füttern und ihnen ein Zuhause zu bieten, falls die Tiere darauf Wert legten. Diese Eigenschaft hatte mich von vornherein sehr für sie eingenommen, denn nach meiner Erfahrung wurden Katzen als eine Art Freiwild betrachtet. Die Leute behandelten sie grausam, schossen auf sie, warfen mit Steinen und allem möglichen nach ihnen, gaben ihnen nichts zu essen und hetzten rein aus Spaß ihre Hunde auf sie. Es war wohltuend, jemandem zu begegnen, der sich ihrer annahm.

Mein Patient bei diesem ersten Besuch war ein junger Kater, ein kleines schwarzweißes Knäuel, der verschreckt in einer Ecke kauerte.

«Er gehört zu den Außenkatzen», erklärte Mrs. Bond mit dröhnender Stimme.

«Außenkatzen?»

«Ja. Alle, die Sie sonst hier sehen, gehören zu den Innenkatzen. Die anderen sind die wirklich wilden – weigern sich einfach, das Haus zu betreten. Ich füttere sie natürlich, aber sie kommen nur rein, wenn sie krank sind.»

«Ich verstehe.»

«Ich mache mir Sorgen um die Augen von diesem kleinen Kater – es sieht aus, als ob eine Haut darüber wächst, und ich hoffe, Sie können was für ihn tun. Er heißt übrigens Alfred.»

«Alfred? Ach ja, natürlich.» Ich ging behutsam auf das halb ausgewachsene Tier zu. Sofort zeigte es die Krallen und empfing mich mit einem wütenden Fauchen, doch es war in seiner Ecke gefangen und konnte nicht davonlaufen.

Es würde nicht leicht sein, den Kater zu untersuchen. Ich wandte mich an Mrs. Bond. «Kann ich bitte eine Decke haben? Oder auch nur ein altes Bügeltuch, das genügt. Ich muß ihn einwickeln.»

«Einwickeln?» Mrs. Bond machte ein bedenkliches Gesicht, als sie im Nebenzimmer verschwand und kurz darauf mit einem zerfetzten Baumwoll-Laken zurückkehrte.

Ich räumte den Tisch ab, auf dem unzählige Katzenschüsseln, Katzenbücher und Fläschchen mit Katzenmedizin standen, und breitete das Laken aus; dann näherte ich mich wieder meinem Patienten. In einer Situation wie dieser muß man sich Zeit lassen, und nach etwa fünf Minuten war es mir durch sanftes Zureden gelungen, daß ich seinen Kopf mit der Hand streicheln konnte.

Dann packte ich ihn rasch am Genick, trug den wild protestierenden und strampelnden Alfred zum Tisch hinüber, legte ihn, die Hand noch immer fest am Genick, auf das Laken und begann mit der Prozedur des Einwickelns.

Es handelte sich dabei um ein Verfahren, das man häufig bei ungebärdigen Katzen anwenden muß, und ich verstehe mich, wenn ich das von mir selbst behaupten darf, recht gut darauf. Man muß das Tier ordentlich fest in die Decke einrollen und dabei lediglich den für die Untersuchung oder Behandlung notwendigen Körperteil freilassen: eine verletzte Pfote, den Schwanz und so weiter. In diesem Fall mußte es der Kopf sein. Ich glaube, als Mrs. Bond mich das Tier rasch einwickeln sah, bis nur noch der kleine schwarzweiße Kopf aus der unbeweglichen Stoffhülle hervorschaute, faßte sie jenes blinde Vertrauen zu mir, das sie mir von da an entgegenbrachte. Alfred und ich standen uns jetzt sozusagen Auge in Auge gegenüber, und er konnte nichts dagegen tun.

Ich bin wie gesagt ziemlich stolz auf diese kleine Fingerfertigkeit und weiß, daß Kollegen, auch wenn sie mir sonst nicht allzuviel zutrauen, noch heute anerkennend sagen: «Eines kann der alte Herriot wie kein zweiter – eine Katze einwickeln!»

Wie sich herausstellte, wuchs keine Haut über Alfreds Augen. Das geschah niemals.

«Er hat eine Lähmung des dritten Augenlids, Mrs. Bond, jener Membrane, die das Auge der Tiere schützt. Bei Alfred hat das Lid sich nicht wieder geöffnet – das Tier ist vermutlich in zu schlechtem körperlichem Zustand. Ich werde ihm eine Vitaminspritze geben und lasse Ihnen ein Pulver da, das Sie ihm unters Futter mischen. Falls es Ihnen gelingt, den Kater ein paar Tage im Haus zu behalten, ist er in ein, zwei Wochen sicher wieder in Ordnung.»

Die Spritze war kein Problem, denn Alfred, so wütend er auch war, konnte sich in seinem Laken nicht rühren, und damit war mein erster Besuch bei den Bonds beendet.

Der erste von vielen, vielen. Mrs. Bond und ich standen von Anfang an in freundschaftlichen Beziehungen zueinander, denn ich war jederzeit bereit, Zeit für ihre diversen Schützlinge aufzuwenden: Wenn es galt, eine Außenkatze einzufangen, kroch ich hinter dem Haus auf dem Bauch unter Holzstöße, überredete das Tier mit sanften Worten, vom Baum herunterzukommen, oder verfolgte sie endlos durch den verwilderten Garten. Doch diese Mühe lohnte sich in vielerlei Hinsicht.

Da war zum Beispiel die Mannigfaltigkeit der Namen, mit denen Mrs. Bond ihre Katzen benannte: Getreu ihrer Londoner Herkunft gab sie vielen Katzen die Namen großer Fußballstars der damaligen Zeit. Es gab einen Eddie Hapgood, einen Cliff Bastin, einen Ted Drake, doch was Alex James anging, unterlag sie einem Irrtum, denn er bekam mit schöner Regelmäßigkeit dreimal im Jahr Junge.

Mrs. Bond hatte auch ihre eigene Art, die Tiere ins Haus zu locken. An einem stillen Sommerabend beobachtete ich sie dabei zum erstenmal. Die beiden Katzen, die ich untersuchen sollte, waren irgendwo draußen im Garten, und ich ging mit ihr zur Hintertür, wo sie stehenblieb und, die Hände über der Brust gefaltet, die Augen geschlossen, mit einschmeichelnder Altstimme zu rufen begann.

«Bates, Bates, Bates, Ba-hates.» Abgesehen von einem reizenden kleinen Triller bei «Ba-hates» sang sie die Worte in feierlichem, gleichbleibendem Ton heraus. Dann hob sie wie eine Primadonna in der Oper ein zweites Mal ihren gewaltigen Brustkasten, und wieder drang es gefühlvoll aus ihrer Kehle:

«Bates, Bates, Bates, Ba-hates.»

Auf jeden Fall hatte es die gewünschte Wirkung, denn der Kater mit Namen Bates kam im Trab hinter einem Lorbeerbusch hervor. Jetzt mußte noch der andere Patient herbeigerufen werden, und ich wartete gespannt.

Mrs. Bond nahm abermals die gleiche Haltung ein, holte tief Luft, schloß die Augen, verzog das Gesicht zu einem leisen Lächeln und fing wieder an:

«Siebenmal-drei, Siebenmal-drei, Siebenmal-drei-hei.» Es war auf die gleiche Melodie wie Bates abgestimmt, mit dem gleichen wohlklingenden Steigen und Fallen am Ende. Aber diesmal war die Wirkung nicht so prompt; sie mußte den Namen ein ums andere Mal wiederholen, und die Töne, die in der stillen Abendluft nachhallten, klangen wie der Singsang eines Muezzins, der die Gläubigen zum Gebet ruft.

Schließlich hatte sie Erfolg, und eine fette Schildpattkatze schlich sich schuldbewußt ins Haus.

«Ach, entschuldigen Sie, Mrs. Bond», sagte ich in beiläufigem Ton, «ich habe den Namen dieser letzten Katze nicht ganz verstanden.»

«Oh, Sie meinen Siebenmal-drei?» Mrs. Bond lächelte liebevoll. «Das ist ein ganz besonders liebes Tier. Hat siebenmal hintereinander drei Junge geworfen – so kam ich auf den Namen. Er ist doch sehr passend, finden Sie nicht auch?»

«Aber ja, das ist er. Ganz ausgezeichnet!»

Noch etwas anderes machte mir Mrs. Bond sympathisch: ihre Besorgnis um meine Sicherheit, ein keineswegs weitverbreiteter Zug unter Tierbesitzern. Sie kam mir an der Tür jedesmal mit einem Paar riesiger Stulpenhandschuhe entgegen, um meine Hände vor Kratzwunden zu schützen, und ich genoß das Gefühl, daß sich jemand um einen sorgte. Es wurde zu einem festen Bestandteil meines Lebens, durch den von zahllosen verstohlen umherschleichenden, wild um sich schauenden kleinen Geschöpfen – den sogenannten Außenkatzen – bevölkerten Garten zur Haustür zu gehen, dort feierlich die Handschuhe entgegenzunehmen und dann in die von starkem Katzengeruch erfüllte Küche einzutreten, wo der kleine Mr. Bond mit seiner Zeitung inmitten des Katzengerangels thronte. Ich habe nie herausfinden können, wie Mr. Bond zu Katzen stand – ja, wenn ich es mir recht überlege, sprach er kaum jemals ein Wort –, aber ich glaube, daß sie ihm ziemlich gleichgültig waren.

Die Stulpenhandschuhe waren eine große Hilfe und manchmal ein wahrer Segen. Wie zum Beispiel im Fall von Boris. Boris war ein riesiger, blauschwarzer Außenkater und mir in mehr als einer Beziehung ein Dorn im Auge. Ich war insgeheim der Überzeugung, daß er aus einem Zoo entlaufen war: Noch nie hatte ich eine Hauskatze mit solch kräftigen, geschmeidigen Muskeln, solch verhaltener Wildheit gesehen. Ich bin sicher, daß etwas von einem Puma in ihm steckte.

Es war ein schwarzer Tag für die Katzenkolonie, als er bei Mrs. Bond erschien. Ich liebe Tiere und habe eigentlich nie verstanden, wie man sie nicht mögen kann. Wenn wirklich einmal ein Tier uns angreift, dann aus Angst, meine ich, aber Boris war anders. Er war von Natur aus bösartig, und von dem Tag an, wo er auf der Bildfläche erschien, nahmen meine Besuche merklich zu, denn er hatte die Angewohnheit, regelmäßig auf seine Artgenossen loszugehen. Ständig mußte ich zerfetzte Ohren nähen oder Bißwunden verbinden.

Wir hatten schon bald Gelegenheit, unsere Kräfte aneinander zu erproben. Mrs. Bond hatte mich gebeten, Boris eine Wurmmedizin zu geben, und ich hielt die kleine Tablette mit einer Pinzette bereit. Wie es mir gelang, ihn zu erwischen, weiß ich nicht mehr, jedenfalls beförderte ich ihn auf den Tisch und wandte eilig mein gewohntes Einwickelverfahren an. Ein paar Sekunden lang glaubte ich, ihn besiegt zu haben, während er mich mit funkelnden, haßerfüllten Augen aus seiner Umhüllung anstarrte. Aber als ich ihm die Pinzette mit der Pille ins Maul schob, biß er wütend darauf, und gleichzeitig fühlte ich, wie seine Krallen mit überraschender Kraft innen am Laken zu reißen begannen. In wenigen Augenblicken war alles vorüber. Eine lange Vorderpfote schnellte heraus und versetzte mir einen Hieb gegen das Handgelenk; ich ließ den Hals des Tieres los, und Boris schlug mit einer blitzartigen Bewegung die Zähne durch den Handschuh in meinen Daumenballen, dann schoß er davon. Die zerbrochene Wurmtablette in der blutenden Hand, stand ich wie betäubt da und starrte fassungslos auf die Fetzen, die einmal mein Wickellaken gewesen waren. Von da ab verabscheute Boris meinen bloßen Anblick, und das Gefühl war gegenseitig.

Aber dies war eine der wenigen Wolken an einem meist heiteren Himmel. Ich hatte auch weiterhin Freude an meinen Besuchen bei Mrs. Bond, und das Leben nahm einen friedlichen Lauf, abgesehen vielleicht von einigen Neckereien seitens meiner Kollegen, die nicht verstanden, daß ich so viel Zeit an einen Haufen Katzen verschwendete. Siegfried teilte ihre Meinung voll und ganz, denn er war prinzipiell dagegen, daß die Leute sich Haustiere hielten. Er hatte dafür einfach kein Verständnis und machte jedem, der es hören wollte, seinen Standpunkt klar. Dabei hatte er selbst fünf Hunde und zwei Katzen. Die Hunde fuhren ständig überall mit hin, und er duldete nicht, daß jemand anders als er sie und die Katzen fütterte. Abends, wenn er im Sessel am Kaminfeuer saß, lagen alle sieben Tiere zu seinen Füßen. Er ist auch heute noch ein leidenschaftlicher Gegner von Haustieren, obwohl ihn beim Fahren längst eine neue Generation von Hunden schwanzwedelnd begleitet und er Besitzer von mehreren Katzen, einigen Aquarien und zwei Schlangen ist.

Tristan kam nur ein einziges Mal zu Mrs. Bond mit. Leicht verlegen ging ich vor ihm her durch den Garten. Mit ein Grund für meine gute Beziehung zu Mrs. Bond war mein liebevolles Interesse für ihre Schützlinge. Mochten sie auch noch so wild und wütend sein, ich zeigte stets nur Sanftmut, Geduld und Besorgnis; und ich brauchte nicht einmal zu schauspielern, denn es entsprach einfach meiner Natur. Aber jetzt war ich von der bangen Sorge erfüllt, ob Tristan mein Verhalten den Katzen gegenüber wohl gutheißen würde.

Mrs. Bond, die an der Haustür wartete, hatte die Situation sofort erfaßt und hielt zwei Paar Handschuhe bereit. Tristan ließ sich seine Überraschung nicht anmerken, sondern dankte ihr vielmehr mit seinem üblichen Charme. Doch als er die Küche betrat, den scharfen Geruch einatmete und das Gewimmel von Katzen sah, merkte man ihm sein Erstaunen doch an.

«Leider handelt es sich um Boris, Mr. Herriot», sagte Mrs. Bond. «Er hat einen Knochensplitter zwischen den Zähnen.»

«Boris!» Mir blieb vor Schreck die Luft weg. «Wie um alles in der Welt sollen wir ihn einfangen?»

«Schon erledigt!» erwiderte sie zufrieden. «Ich hab ihn mit ein paar Happen von seiner Lieblingsnahrung in diesen Katzenkorb gelockt.»

Tristan legte die Hand auf den großen, geflochtenen Korb auf dem Tisch. «Er ist hier drin, nicht wahr?» fragte er beiläufig. Er schob den Riegel zurück und öffnete den Deckel. Tristan und Boris sahen einander gespannt an, dann sprang ein geschmeidiger schwarzer Körper lautlos an ihm vorbei und war mit einem Satz oben auf dem Schrank.

«Mein Gott!» sagte Tristan. «Was war das?»

«Das war Boris», erwiderte ich, «und jetzt müssen wir sehen, wie wir ihn wieder einfangen.» Ich kletterte auf einen Stuhl, legte meine Hand vorsichtig auf die obere Schrankkante und rief mit leiser, weicher Stimme Boris' Namen.

Tristan schien die Sache zu lange zu dauern: Er sprang plötzlich hoch und packte Boris beim Schwanz, doch er konnte ihn nur einen Augenblick festhalten. Mühelos riß der große, schwere Kater sich los und sauste wie vom Teufel besessen durch die Küche, über Schränke und Kommoden hinweg, an Vorhängen hinauf und hinunter.

Tristan postierte sich an einem strategischen Punkt, und als Boris an ihm vorüberschoß, schlug er mit dem Handschuh nach ihm.

«Verfehlt!» rief er bekümmert. «Aber jetzt ... da kommt er wieder ... halt, du schwarzes Biest! Verdammt noch mal, er läßt sich nicht fangen!»

Vom Lärm herabfallender Teller, Töpfe und Pfannen und von Tristans Rufen und hastigen Bewegungen aufgeschreckt, rannten nun auch die zahmen kleinen Innenkatzen umher und warfen um, was Boris verfehlte. Der Aufruhr und das Getöse drangen sogar bis zu Mr. Bond durch, denn er hob einen Augenblick den Kopf und blickte leicht überrascht auf, ehe er sich wieder seiner Zeitung zuwandte.

Tristan, von Jagdfieber gepackt, fand die Sache außerordentlich amüsant. Ich krümmte mich innerlich, als er mir beglückt zurief:

«Treiben Sie ihn weiter, Jim, bei der nächsten Runde krieg ich ihn!»

Es gelang uns nicht, Boris einzufangen. Wir mußten darauf vertrauen, daß der Knochensplitter sich früher oder später von selbst löste. So war es insgesamt keine sehr erfolgreiche Visite, doch Tristan lächelte zufrieden, als wir in den Wagen stiegen.

«Das war großartig, Jim. Ich ahnte nicht, daß Sie so viel Spaß mit Ihren Katzen haben.»

Mrs. Bond dagegen schien weniger angetan.

«Mr. Herriot», sagte sie ein wenig vorwurfsvoll, als ich das nächste Mal hinkam, «diesen jungen Mann bringen Sie hoffentlich kein zweites Mal mehr mit.»

Familienanschluß

«SIEH MAL DA, JIM. Das ist bestimmt eine streunende Katze. Ich hab sie noch nie zuvor gesehen.» Helen stand in der Küche an der Spüle und wusch Geschirr, und sie zeigte nach draußen.

Direkt vor dem Fenster unseres Hauses in Hannerly befand sich eine niedrige Stützmauer, etwa brusthoch, und vom oberen Rand der Mauer führte der grasbewachsene Abhang bis zu einigen Büschen und einem offenen, etwa zwanzig Meter entfernten Holzschuppen hinauf. Eine dünne kleine Katze spähte argwöhnisch unter den Büschen hervor. Neben ihr duckten sich zwei kleine Kätzchen.

«Ich glaube, du hast recht», sagte ich. «Das ist eine Streunerin mit ihrer Familie. Sie sucht bestimmt etwas zu fressen.»

Helen stellte eine Schüssel mit Fleischresten und etwas Milch auf das ebene Kopfende der Mauer und zog sich wieder in die Küche zurück. Die Katzenmutter rührte sich noch eine ganze Weile nicht, doch dann schlich sie mit äußerster Vorsicht hin, nahm etwas von dem Fleisch ins Maul und trug es zu ihren Kätzchen zurück.

Mehrere Male schlich sie den Abhang hinunter, doch wenn die Kätzchen ihr nachlaufen wollten, versetzte sie ihnen einen Hieb mit der Tatze, der «Hiergeblieben!» bedeutete.

Wir schauten fasziniert zu, wie das dürre, halbverhungerte Tier dafür sorgte, daß seine Jungen satt wurden, bevor es selbst etwas Futter nahm, und als die Schüssel dann leer war, öffneten wir leise die Küchentür. Doch sobald die Katze uns sah, sauste sie mit ihren Kleinen aufs Feld davon.

«Ich möchte wissen, wo die herkommen», sagte Helen.

Ich zuckte die Achseln. «Weiß der Himmel. Hier in der Gegend ist viel offenes Land. Möglicherweise sind sie von meilenweit weg gekommen. Und diese Katzenmutter sieht nicht wie eine gewöhnliche Streunerin aus. Sie hat etwas richtig Wildes an sich.»

Helen nickte. «Ja, sie sieht aus, als sei sie nie in einem Haus gewesen, als habe sie nie mit Menschen zu tun gehabt. Ich habe schon von solchen wilden Katzen gehört, die im Freien leben. Vielleicht war sie wegen ihrer Kätzchen auf Futtersuche.»

«Ich glaube, du hast recht», sagte ich, als wir in die Küche zurückgingen. «Jedenfalls haben die armen kleinen Dinger mal ordentlich zu fressen bekommen. Wir werden sie wohl so bald nicht wiedersehen.»

Doch ich hatte mich geirrt. Zwei Tage später tauchte das Trio wieder auf. An der gleichen Stelle, unter den Büschen hervorspähend und hungrig zum Küchenfenster lugend. Helen fütterte sie auch diesmal, wieder verbot die Katzenmutter ihren Kleinen streng, sich aus dem Gebüsch hervorzuwagen, und einmal mehr sprangen sie davon, als wir uns ihnen zu nähern versuchten. Als sie am folgenden Morgen wiederkamen, drehte Helen sich zu mir um und lächelte.

«Ich glaube, sie haben uns adoptiert», sagte sie.

Sie hatte recht. Die drei zogen in den Holzschuppen ein, und ein paar Tage darauf erlaubte die Mutter den Kätzchen, zu den Freßnäpfen herunterzukommen, wobei sie ihnen auf dem ganzen Weg vorsichtig voranging. Sie waren noch sehr klein, erst wenige Wochen alt. Eins war schwarz und weiß, das andere schildpattfarben.

Helen fütterte sie vierzehn Tage lang, doch sie blieben unnahbar, und dann rief sie mich eines Morgens, als ich gerade zu meiner Besuchsrunde aufbrechen wollte, in die Küche.

Sie zeigte nach draußen. «Was hältst du denn davon?»

Ich schaute und sah die beiden Kätzchen an ihrem gewohnten Platz unter den Büschen, aber keine Katzenmutter.

«Das ist seltsam», sagte ich. «Sie hat sie doch vorher nicht aus den Augen gelassen.»

Die Kätzchen bekamen ihr Futter, und ich versuchte ihnen

zu folgen, als sie fortrannten, verlor sie aber in dem hohen Gras aus den Augen, und obwohl ich das ganze Feld absuchte, war weder von ihnen noch von ihrer Mutter eine Spur zu finden.

Wir sahen die Katzenmutter nie wieder, und Helen war beunruhigt.

«Was um alles in der Welt kann ihr denn passiert sein?» flüsterte sie ein paar Tage später, als die Kätzchen ihr Frühstück fraßen.

«Da ist alles möglich», erwiderte ich. «Ich fürchte, bei drei herumlaufenden Katzen ist die Sterblichkeitsrate sehr hoch. Sie kann von einem Auto überfahren worden sein oder irgendeinen anderen Unfall gehabt haben. Das werden wir wohl leider nie erfahren.»

Helen schaute wieder auf die kleinen Wesen, die mit dem Kopf in der Schüssel nebeneinanderhockten. «Glaubst du, sie hat sie einfach im Stich gelassen?»

«Kann sein. Sie war ein mütterliches und fürsorgliches kleines Ding, und ich habe das Gefühl, sie hat sich so lange umgesehen, bis sie ein gutes Zuhause für sie gefunden hat. Sie ist erst fortgegangen, als sie sah, daß sie sich allein durchschlagen konnten, und vielleicht ist sie nun zu ihrem Leben im Freien zurückgekehrt. Sie war ja eine ganz Wilde.»

Es blieb ein Geheimnis, aber eines war sicher: Die Kätzchen hatten ein Plätzchen gefunden. Und noch etwas war sicher: Sie würden sich nie zähmen lassen. Sosehr wir uns auch bemühten, wir konnten sie nie anfassen, und all unsere Versuche, sie ins Haus zu locken, waren umsonst.

Eines feuchten Morgens sahen Helen und ich aus dem Küchenfenster auf die beiden, die auf der Mauer saßen und auf ihr Frühstück warteten, das Fell durchnäßt, die Augen vor dem strömenden Regen fast geschlossen.

«Die armen Kleinen», sagte Helen. «Ich ertrage es nicht, sie bei der Nässe und Kälte da draußen zu sehen; wir müssen sie hereinholen.»

«Bloß wie? Wir haben es ja oft genug probiert.»

«Ja, ich weiß, aber laß es uns noch einmal versuchen. Vielleicht sind sie bei dem Regen doch froh, wenn sie hereinkommen können.»

Wir bereiteten ihnen eine Mahlzeit aus frischem, in kleine Bröckchen geschnittenem Fisch zu, eine Delikatesse, der Katzen nicht widerstehen können. Ich ließ sie daran schnuppern, und dann stellte ich die Mahlzeit in der Küche direkt hinter die Tür und zog mich aus ihrem Sichtkreis zurück. Doch während wir durch das Fenster zusahen, verharrten die beiden reglos im Platzregen, den Blick fest auf den Fisch geheftet, aber entschlossen, nicht durch diese Tür zu gehen. Das kam eindeutig nicht in Frage.

«In Ordnung, ihr habt gewonnen», sagte ich und stellte das Fressen auf die Mauer, wo es sofort verschlungen wurde.

Ich schaute ihnen mit dem Gefühl zu, eine Niederlage erlitten zu haben, als Herbert Platt, einer der Männer von der Müllabfuhr, um die Ecke kam. Bei seinem Anblick sausten die Kätzchen davon, und Herbert lachte.

«Ah, ich sehe, Sie haben sich dieser Katzen angenommen. Einen leckeren Bissen kriegen die da zu fressen.»

«Ja, aber sie wollen nicht reinkommen, um ihn sich zu holen.»

Er lachte wieder. «Tja, das werden sie auch nie tun. Ich kenne diese Katzenfamilie seit Jahren, und all ihre Vorfahren auch. Ich hab die Katzenmutter gesehen, als sie zum ersten Mal hier aufgetaucht ist. Davor hat sie bei der alten Mrs. Caley hinter dem Hügel gewohnt. Ich erinnere mich auch an die Mutter von dieser Katze, die lebte unten auf der Farm von Billy Tate. Diese Katzen sind, soviel ich weiß, schon ewig und drei Tage hier.»

«Du meine Güte, wirklich?»

«Ja, und ich hab nie gesehen, daß eine von ihnen in ein Haus gegangen wäre. Die sind wild, richtig wild.»

«Ja, danke, Herbert, dadurch wird uns vieles klarer.»

Er lächelte und hievte eine Mülltonne hoch. «Dann werd ich mal verschwinden, damit sie zu Ende frühstücken können.»

«Also, der Fall ist klar, Helen», sagte ich. «Jetzt wissen wir Bescheid. Sie werden immer draußen sein, aber wir können sie wenigstens etwas besser unterbringen.»

Das Ding, das wir Holzschuppen nannten und wo ich für sie Stroh zum Schlafen ausgelegt hatte, war eigentlich überhaupt kein Schuppen. Es hatte ein Dach, war aber auf einer Seite völlig offen, und auf den anderen drei Seiten waren breite Ritzen zwischen den Latten. Der Wind konnte ständig durchblasen, weshalb der Schuppen zwar zum Trocknen von Holz sehr geeignet, aber eine schrecklich zugige Behausung war.

Ich ging den grasbewachsenen Abhang hinauf und stellte eine Sperrholzplatte als Windfang auf. Dann baute ich aus Holzscheiten einen Schutzwall rings um das Strohlager und trat leicht schnaufend zurück.

«Gut», sagte ich. «Jetzt werden sie es hier drin schön gemütlich haben.»

Helen nickte zustimmend, setzte jedoch noch eins drauf. Hinter meinen Windfang stellte sie eine offene Kiste, in der Kissen lagen. «So, nun brauchen sie nicht mehr auf dem Stroh zu schlafen; in dieser schönen Kiste werden sie es warm und bequem haben.»

Ich rieb mir die Hände. «Prima. Jetzt brauchen wir uns

keine Sorgen mehr um sie zu machen. Es wird ihnen richtig Spaß machen, hier hereinzukommen.»

Von diesem Augenblick an boykottierten die Kätzchen den Schuppen. Sie kamen immer noch täglich zu den Mahlzeiten, aber wir sahen sie nie mehr in der Nähe ihrer alten Wohnung.

«Sie sind einfach nicht daran gewöhnt», sagte Helen.

«Hmm.» Ich schaute mir noch einmal die mit Kissen ausgelegte Kiste an, die in der Mitte der kreisförmig angeordneten Holzstöße stand. «Entweder das, oder es gefällt ihnen nicht.»

Wir hielten ein paar Tage durch, doch als wir uns zu fragen begannen, wo um alles in der Welt die Kätzchen wohl schliefen, geriet unsere Entschlossenheit ins Wanken. Ich ging den Abhang hinauf und riß den Holzwall ab. Sofort waren die beiden Tiere wieder da. Sie beschnupperten und inspizierten die Kiste und liefen wieder fort.

«Ich fürchte, auf deine Kiste sind sie auch nicht scharf», seufzte ich, als wir von unserem Aussichtspunkt aus zusahen.

Helen machte eine betroffene Miene. «Die dummen Kleinen. Die ist doch wie geschaffen für sie.»

Doch nachdem der Schuppen zwei weitere Tage lang verwaist geblieben war, ging sie hinaus, und ich sah sie traurig den Abhang herunterkommen, die Kiste in der Hand, die Kissen unter dem Arm.

Innerhalb weniger Stunden waren die Kätzchen wieder drin

und schauten sich merklich erleichtert um. Gegen den Windfang hatten sie anscheinend nichts einzuwenden, denn sie ließen sich zufrieden im Stroh nieder. Unser Versuch, ein Hilton für Katzen einzurichten, hatte sich als kompletter Fehlschlag erwiesen.

Mir dämmerte, daß sie es nicht mochten, wenn man sie einschloß, ihnen die Fluchtwege abschnitt. Wenn sie in dem offenen Strohbett lagen, konnten sie ringsherum alles sehen und beim geringsten Anzeichen von Gefahr durch die Latten davonflitzen.

«Okay, Freunde», sagte ich. «Wenn ihr es so haben wollt, aber ich kriege schon noch ein bißchen mehr über euch heraus.»

Helen gab ihnen etwas zu fressen, und als sie sich auf das Futter konzentrierten, kroch ich hin und warf ein Fischernetz über sie. Nach einem Handgemenge meinte ich festgestellt zu

haben, daß die Schildpattkatze ein Weibchen und die schwarzweiße ein Männchen war.

«Gut», sagte Helen. «Ich werde sie Olly und Ginny nennen.»

«Warum Olly?»

«Ich weiß nicht recht. Er sieht aus wie ein Olly. Mir gefällt der Name.»

«Aha, und was ist zu Ginny zu sagen?»

«Kurzform für Ingwergelb.»

«Sie ist nicht richtig ingwergelb, die Farbe ist Schildpatt.»

«Sie ist aber auch ein bißchen ingwergelb.»

Ich beließ es dabei.

Im Verlauf der nächsten Monate wurden sie rasch größer, und in meinem Tierarztkopf nahm ein weiterer Entschluß Gestalt an. Ich mußte sie sterilisieren. Und genau in diesem Augenblick sah ich mich zum ersten Mal einem Problem gegenüber, das mir jahrelang Kopfschmerzen bereiten sollte – wie konnte ich Tiere tierärztlich betreuen, die ich nicht einmal anzufassen vermochte.

Beim ersten Mal, als sie erst halb erwachsen waren, war es noch gar nicht so schlimm. Ich pirschte mich noch einmal mit meinem Netz an sie heran, als sie fraßen, und es gelang mir, sie in einen Katzenkäfig zu stopfen, aus dem sie mich dann mit furchtsamen und, wie ich meinte, anklagenden Blicken ansahen.

In der Praxis, wo Siegfried und ich eine nach der anderen aus dem Käfig hoben und intravenös das Antibiotikum verabreichten, war ich verblüfft angesichts der Tatsache, daß sie sich, obwohl in Panik, weil sie sich zum ersten Mal in ihrem Leben in einem geschlossenen Raum befanden und von Menschen gepackt und festgehalten wurden, beispiellos leicht verarzten ließen. Viele unserer domestizierten Katzenpatienten wehrten sich wie wild, bis wir sie schlafen geschickt hatten, und Katzen, die Pfoten und Zähne als Waffen einsetzen, können ziemlich viel Schaden anrichten. Olly und Ginny jedoch zappelten zwar verzweifelt, machten aber keinerlei Anstalten zu beißen und fuhren nicht einmal die Krallen aus.

Siegfried stellte kurz und bündig fest: «Diese kleinen Dinger sind zwar starr vor Angst, aber sie verhalten sich absolut friedlich. Ob viele Katzen so sind wie diese hier?»

Mir war ein wenig eigenartig zumute, als ich die Operationen ausführte und auf die kleinen schlafenden Gestalten hinuntersah. Dies waren meine Katzen, aber erst jetzt konnte ich sie zum ersten Mal anfassen, sie, wie ich es mir gewünscht hatte, gründlich untersuchen und die Schönheit ihres Fells und ihrer Zeichnung bewundern.

Nachdem sie aus der Narkose aufgewacht waren, brachte ich sie nach Hause, und als ich die beiden aus dem Käfig herausließ, huschten sie sofort zu ihrem Bett im Holzschuppen. Wie nach solchen kleineren Operationen üblich, merkte man ihnen keinerlei Nachwirkungen an, doch sie hatten unverkennbar unangenehme Erinnerungen an mich. In den nächsten Wochen ließen sie Helen bei der Fütterung ganz nahe an sich heran, flohen jedoch bei meinem Anblick sofort. All meine Bemühungen, Ginny einzufangen, um den einen kleinen Faden am Sterilisationsschnitt zu ziehen, waren fruchtlos. Der Faden blieb dran, und ich sah ein, Herriot war für immer auf die Rolle des Übeltäters festgelegt, jenes Finsterlings, der einen packte und in einen Drahtkäfig stopfte, sobald man ihm nur halbwegs die Gelegenheit dazu gab.

Es stellte sich bald heraus, daß es so auch bleiben würde, denn im Verlauf der Monate, in denen Helen sie mit allen möglichen Leckerbissen versorgte und sie zu wirklich schönen, geschmeidigen Katzen heranwuchsen, kamen sie stets, einen Buckel machend, auf der Mauer anspaziert, wenn sie an der Hintertür auftauchte, doch ich brauchte nur den Kopf aus der Tür zu stecken, dann flitzten sie davon und waren nicht mehr zu sehen. Ich war der Bursche, vor dem man auf der Hut sein mußte, und das wurmte mich, weil ich Katzen immer gerngehabt hatte und an diesen beiden ganz besonders hing. Schließlich kam der Tag, an dem Helen sie sanft streicheln konnte, während sie fraßen, und dieser Anblick verdroß mich noch mehr.

Gewöhnlich schliefen sie im Holzschuppen, doch ab und zu verschwanden sie auch irgendwohin und blieben ein paar Tage weg, und dann fragten wir uns jedesmal, ob sie uns verlassen hatten oder ob ihnen etwas passiert war. Wenn sie wieder auftauchten, rief Helen mir mit großer Erleichterung zu: «Sie sind wieder da, Jim, sie sind wieder da!» Sie waren zu einem Teil unseres Lebens geworden.

Der Sommer ging in den Herbst über, und als der bitterkalte Yorkshire-Winter anfing, staunten wir über ihre Zähigkeit. Uns war schrecklich zumute, wenn wir von der Küche aus zusahen, wie sie in Frost und Schnee draußen saßen, doch wie rauh das Wetter auch sein mochte, nichts konnte sie dazu bewegen, einen Fuß ins Haus zu setzen. Wärme und Behaglichkeit ließen sie völlig kalt.

Bei schönem Wetter hatten wir viel Spaß dabei, ihnen zuzuschauen. Wir konnten von unserer Küche den Schuppen einsehen, und es war faszinierend zu sehen, wie glücklich sie miteinander waren. Richtig gute Freunde. Unzertrennlich, wie sie waren, brachten sie Stunden damit zu, einander zu lecken und im zärtlichen Spiel verknäult umherzutollen, und nie schubste eine die andere beiseite, wenn sie ihr Futter bekamen. Abends

sahen wir die beiden kuscheligen Gestalten eng aneinandergeschmiegt im Stroh liegen.

Dann kam eine Zeit, in der wir glaubten, alles habe sich für immer verändert. Wieder einmal verschwanden die Katzen, und uns wurde Tag für Tag banger zumute.

Jeden Morgen rief Helen: «Olly, Ginny!», worauf die beiden früher unweigerlich aus ihrer Behausung getrottet gekommen waren, doch jetzt tauchten sie nicht auf, und nachdem eine

Woche vergangen war und danach die zweite, hatten wir fast jede Hoffnung aufgegeben.

Als wir von unserem freien Nachmittag in Brawton zurückkamen, rannte Helen in die Küche und schaute hinaus. Die Katzen kannten unsere Gewohnheiten. Sonst saßen sie immer da und warteten auf sie, doch jetzt stand da nur die lange leere Mauer, und der Holzschuppen war verlassen. «Glaubst du, daß sie für immer fort sind, Jim?» sagte Helen.

Ich zuckte die Achseln. «Es sieht allmählich so aus. Du weißt doch noch, was der alte Herbert über die Katzenfamilie gesagt hat. Vielleicht sind sie in ihrem Innersten Nomaden – haben sich neue Jagdgründe gesucht.»

Helen schaute betrübt. «Ich kann es nicht glauben. Sie waren doch hier so glücklich. Ach, ich hoffe bloß, daß ihnen nichts Schlimmes passiert ist.» Traurig begann sie ihre Einkäufe wegzuräumen, und den ganzen Abend war sie schweigsam.

Meine halbherzigen Bemühungen, sie aufzuheitern, fruchteten nichts, weil ich selbst die Flügel hängenließ.

Am nächsten Morgen hörte ich Helens üblichen Ruf, aber diesmal klang er nicht wie ein Freudenschrei.

Sie kam ins Wohnzimmer gelaufen. «Sie sind wieder da, Jim», sagte sie atemlos, «aber ich fürchte, sie sterben.»

«Was? Was meinst du damit?»

«Sie sehen gräßlich aus. Sie sind schrecklich krank – sie werden bestimmt sterben.»

Eilig lief ich mit ihr in die Küche und sah aus dem Fenster. Die Katzen saßen kaum einen Meter entfernt nebeneinander auf der Mauer. Ein wäßriger Ausfluß lief ihnen aus den fast geschlossenen Augen, Flüssigkeit tropfte auch aus den Nasenlöchern, und Speichel rann ihnen aus den Mündern. Ein fortwährendes Niesen und Husten erschütterte ihren Körper.

Sie waren dünn und abgemagert, hatten nichts mehr mit den geschmeidigen Wesen gemein, die wir so gut kannten, und der jämmerliche Anblick, den sie boten, rührte uns um so mehr, als sie dort draußen einem schneidenden Ostwind trotzten, der an ihrem Fell zerrte und ihnen beim Versuch, die Augen zu öffnen, noch mehr Schmerzen zufügte.

Helen öffnete die Hintertür: «Olly, Ginny, was ist denn nur mit euch passiert?» rief sie.

Nun geschah etwas Bemerkenswertes. Beim Klang ihrer

Stimme sprangen die Katzen vorsichtig von der Mauer und kamen ohne zu zögern durch die Tür in die Küche gelaufen. Es war das erste Mal, daß sie unter unserem Dach weilten.

«Sieh dir das an», rief Helen aus. «Ich kann es nicht glauben. Sie müssen wirklich krank sein. Aber was fehlt ihnen nur, Jim? Ob sie eine Vergiftung haben?»

Ich schüttelte den Kopf. «Nein, sie haben Katzenschnupfen.»

«Siehst du das?»

«Ja, das sind die klassischen Symptome.»

«Und werden sie sterben?»

Ich rieb mir das Kinn. «Ich glaube nicht.» Ich wollte einen beruhigenden Ton anschlagen, doch ich hatte Zweifel. Der Virus Rhinotracheitis führte bei Katzen nur selten zum Tode, doch in schlimmen Fällen können die Tiere schon sterben, und diese Katzen waren wirklich übel dran. «Mach auf alle Fälle mal die Tür zu, Helen. Mal sehen, ob sie mich heranlassen, wenn ich sie untersuchen will.»

Doch beim Anblick der sich schließenden Tür schossen beide Katzen wieder ins Freie.

«Mach wieder auf», rief ich, und nach einem Augenblick des Zögerns kamen die Katzen wieder in die Küche spaziert.

Ich sah sie erstaunt an. «Ist es zu glauben? Sie sind gekommen, weil sie Schutz suchen, weil sie Hilfe brauchen.»

Und daran bestand kein Zweifel. Die beiden saßen nebeneinander auf dem Boden und warteten darauf, daß wir etwas für sie taten.

«Die Frage ist», sagte ich, «werden sie es ihrem heimtückischen Antipoden erlauben, sich ihnen zu nähern? Es ist wohl besser, wir lassen die Hintertür offen, damit sie sich nicht bedroht fühlen.»

Ich rückte zentimeterweise näher, bis ich sie mit der Hand berühren konnte, und sie regten sich nicht. Wie im Traum hob ich eine nach der anderen hoch und untersuchte sie. Sie leisteten keinen Widerstand.

Helen streichelte sie, während ich nach draußen zum Auto rannte, in dem sich mein Medikamentenvorrat befand, und holte, was ich benötigte. Ich maß ihre Temperatur. Beide hatten mehr als 40° Fieber, was ganz typisch war. Deshalb gab ich ihnen eine Injektion mit Oxytetracyclin, dem Antibiotikum, das ich bei der Behandlung der bakteriellen Superinfektion, die sich auf den auslösenden Virusangriff draufsetzte, immer am wirksamsten gefunden hatte. Ich gab ihnen auch Vitaminspritzen, säuberte mit Watte die Augen und Nasen von Eiter und Schleim und trug eine antibiotische Salbe auf. Und es kam mir wie ein Wunder vor, daß ich nun diese fügsamen kleinen Körper verarztete, die ich, abgesehen von dem einen Mal, als sie während der Sterilisation in Narkose lagen, nicht einmal hatte berühren können.

Als ich fertig war, konnte ich den Gedanken nicht ertragen, sie wieder in diesen rauhen Wind hinauszuschicken. Ich hob sie noch einmal hoch und steckte mir eine unter jeden Arm.

«Helen», sagte ich, «wir wollen es noch einmal versuchen. Würdest du bitte ganz sacht die Tür zumachen.»

Sie ergriff den Türknauf und begann ganz langsam zu schieben, doch sofort sprangen beide Katzen wie zurückschnellende Sprungfedern von meinen Armen und schossen in den Garten hinaus. Wir sahen ihnen hinterher, bis sie unseren Blicken entschwanden.

«Das ist wirklich außergewöhnlich», sagte ich. «So krank, wie sie sind, können sie es trotzdem nicht ertragen, eingeschlossen zu sein.»

Helen war den Tränen nahe. «Aber wie werden sie es da draußen aushalten? Sie sollten doch im Warmen sein.»

«Das kann ich auch nicht sagen.» Ich schaute in den leeren Garten. «Aber wir müssen einsehen, daß das ihre natürliche Umwelt ist. Sie sind zähe kleine Burschen. Ich glaube, sie kommen wieder.»

Ich behielt recht. Am nächsten Morgen saßen sie vor dem Fenster, die Augen vor dem Wind geschlossen, das Fell auf ihren Gesichtern von dem starken Ausfluß verschmiert und verklebt.

Wieder machte Helen die Tür auf, und wieder kamen sie ruhig herein und leisteten keinen Widerstand, als ich die Behandlung wiederholte, ihnen Spritzen gab, Augen und Nase auswischte, in den Mündern nach Zungengeschwüren suchte, und sie herumtrug wie langjährige Hausgenossen.

Dies wiederholte sich eine Woche lang jeden Tag. Der Ausfluß wurde eitriger, und das markerschütternde Niesen schien sich gar nicht zu bessern, doch dann, als ich schon die Hoffnung verlor, fingen sie an, ein wenig zu fressen und – ein deutliches Zeichen – waren nicht mehr so erpicht darauf, ins Haus zu kommen.

Wenn ich sie doch hereinlockte, waren sie verkrampft und unglücklich, während ich sie verarztete, und schließlich konnte ich sie gar nicht mehr anfassen. Sie waren längst nicht gesund, deshalb mischte ich lösliches Oxytetpulver in ihre Mahlzeiten und behandelte sie damit weiter.

Das Wetter war noch schlechter geworden. Feine Schneeflocken wirbelten im Wind, doch es kam der Tag, an dem sie sich weigerten hereinzukommen, und wir sahen ihnen wieder durchs Fenster beim Fressen zu. Doch zumindest hatte ich die Genugtuung zu wissen, daß sie mit jedem Bissen weiter ihr Antibiotikum bekamen.

Während ich diese Langzeittherapie durchführte und sie tagtäglich aus der Küche beobachtete, stellte ich erfreut fest, daß das Niesen nachließ, der Ausfluß trocknete und die Katzen allmählich wieder Fleisch ansetzten.

An einem frischen sonnigen Märzmorgen schaute ich, wie Helen ihnen ihr Frühstück auf die Mauer stellte. Olly und Ginny, geschmeidig wie Seehunde, die Gesichter sauber und trocken, die Augen klar, kamen mit runden Buckeln über die Mauer spaziert und schnurrten wie Außenbordmotoren. Sie hatten es mit dem Fressen nicht eilig; sie freuten sich unverkennbar, Helen zu sehen.

Während sie vor und zurück trippelten, fuhr Helen ihnen sanft mit der Hand über Kopf und Rücken. Diese Art Streicheln gefiel ihnen – es war nicht übertrieben, und sie waren dabei ständig in Bewegung.

Ich hatte das Gefühl, mich an dem Treiben beteiligen zu sollen, und trat aus der offenen Tür.

«Ginny», sagte ich und streckte eine Hand aus. «Komm her, Ginny.» Das kleine Wesen unterbrach seine Promenade auf der Mauer und schaute mich aus sicherer Entfernung zwar nicht feindselig, aber mit dem alten Mißtrauen an. Als ich versuchte, mich ihr noch weiter zu nähern, sprang sie fort.

«Okay», sagte ich, «es hat wohl auch keinen Zweck, es bei dir zu versuchen, Olly.» Der schwarzweiße Kater wich vor meiner ausgestreckten Hand zurück und bedachte mich mit einem unverbindlichen Blick. Es war deutlich, daß er meine Meinung teilte.

Beschämt rief ich den beiden zu: «He, erinnert ihr euch

denn nicht mehr an mich?» Aus ihrem Blick war zweifelsfrei abzulesen, daß sie sich sehr wohl an mich erinnerten – nur nicht so, wie ich es mir erhofft hatte. Die Enttäuschung traf mich wie ein schmerzhafter Stich. Trotz all meiner Bemühungen war ich wieder da gelandet, wo ich angefangen hatte.

Helen lachte. «Sie sind doch ein kurioses Pärchen, aber sehen sie nicht prächtig aus! Sie machen einen absolut gesunden Eindruck. Das sagt doch einiges über die Vorteile einer Freilufttherapie.»

«Ja, in der Tat», sagte ich und lächelte ironisch. «Es sagt aber auch ein bißchen was über den Vorteil, einen Tierarzt im Haus zu haben.»

Emily und der Gentleman

ALS ICH AUS DEM AUTO STIEG, um das Tor zur Farm zu öffnen, betrachtete ich neugierig den merkwürdig aussehenden Bau auf dem Grasstreifen, der im Windschatten der Bruchsteinmauer stand und von dem aus man einen Blick über das ganze Tal haben mußte. Es hatte den Anschein, als habe man bahnenweise Persenning über Metallstäbe gebreitet, um daraus eine Art Behausung zu machen. Es sah aus wie ein großes schwarzes Iglu, aber wofür?

Während ich noch darüber nachsann, teilte sich der sackartige Vorhang am vorderen Teil, und ein großer, weißhaariger Mann erschien. Er reckte sich, schaute sich um, klopfte sich den Staub aus dem alten Gehrock und setzte die Art Melone mit hoher Krempe auf, die zu viktorianischen Zeiten in Mode gewesen war. Er schien mich nicht zu bemerken, während er dastand, tief einatmete und das Heidemoor betrachtete, das von der Straße bis zu dem weit unten liegenden Wildbach abfiel; ein Weilchen

später drehte er sich zu mir um und lüftete würdevoll den Hut. «Ich wünsche Ihnen einen guten Morgen», murmelte er mit einer Stimme, die einem Erzbischof gehört haben könnte.

«Morgen», grüßte ich zurück und kämpfte mit meiner Überraschung. «Ein herrlicher Tag.»

Seine feinen Gesichtszüge entspannten sich, und er lächelte. «Ja, das ist wahr.» Dann beugte er sich nieder und zog den Vorhang auf. «Komm, Emily.»

Während ich ungläubig zuschaute, kam mit zierlichen Schritten eine kleine Katze herausgetrippelt, und als sie sich genüßlich streckte, befestigte der Mann eine Leine an ihrem Halsband. Er drehte sich noch einmal zu mir um und lüftete wiederum den Hut. «Ich wünsche Ihnen noch einen schönen Tag.» Dann schlugen Mann und Katze in gemächlichem Tempo den Weg in Richtung des Dorfes ein, dessen Kirchturmspitze einige Meilen weiter hinten an der Straße gerade noch zu sehen war.

Ich ließ mir Zeit beim Öffnen des Gatters und sah den kleiner werdenden Gestalten nach. Mir war fast so zumute, als hätte ich eine Erscheinung gesehen.

Ich befand mich außerhalb meines gewöhnlichen Territoriums, weil ein treuer Kunde, Eddy Carless, diese Farm, die fast zwanzig Meilen von Darrowby entfernt lag, übernommen und uns die Ehre erwiesen hatte, unsere Praxis zu bitten, ihn auch weiterhin zu betreuen. Wir hatten ja gesagt, obwohl es unbequem sein würde, so weit zu fahren, ganz besonders mitten in der Nacht.

Die Farm lag zwei Felder von der Straße zurück, und als ich auf den Hof fuhr, sah ich Eddy die Treppe vom Kornspeicher herunterkommen. «Eddy», sagte ich, «ich habe gerade etwas sehr Seltsames gesehen.»

Er lachte. «Sie brauchen es mir gar nicht erst zu sagen. Sie haben Eugene gesehen.»

«Eugene?»

«Ja, richtig. Eugene Ireson. Er wohnt hier.»

«Was!?»

«Es ist wahr – das ist sein Haus. Er hat es vor zwei Jahren selbst gebaut, und dann ist er eingezogen. Früher war das die Farm meines Dads, wie Sie ja wissen, und er hat mir oft von ihm erzählt. Er ist aus dem Nirgendwo hierhergekommen und hat sich mit seiner Katze in dieser lustigen Behausung eingerichtet.»

«Ich hätte nicht gedacht, daß man ihm erlaubt, sich auf dem Grasstreifen häuslich niederzulassen.»

«Nein, ich auch nicht, aber offenbar hat sich niemand daran gestört. Und ich sag Ihnen noch was Komisches. Er ist ein gebildeter Mensch und der Bruder von Cornelius Ireson.»

«Von Cornelius Ireson, dem Industriellen?»

«Genau dem. Dem Multimillionär. Er lebt auf dem Grundbesitz, den man auf der Straße nach Brawton nach ungefähr fünf Meilen passiert. Sie haben bestimmt das große Wächterhaus am Tor gesehen.»

«Ja … ich kenne es … aber wie …?»

«Keiner kennt die Geschichte ganz genau, aber es sieht so aus, als habe Cornelius alles geerbt und sein Bruder nichts bekommen. Es heißt, Eugene sei in der ganzen Welt herumgefahren, habe in wilden Ländern im Freien gelebt und alle möglichen Abenteuer bestanden, aber ganz gleich, wo er auch gewesen sein mag, er ist nach Nord-Yorkshire zurückgekommen.»

«Aber warum lebt er in dieser seltsamen Behausung?»

«Das ist ein Rätsel. Ich weiß, daß er nichts mit seinem Bruder zu schaffen hat. Umgekehrt ist es ebenso. Jedenfalls scheint er da unten glücklich und zufrieden zu sein. Mein Dad hat ihn sehr gern gehabt, und der alte Junge ist ab und zu auf die Farm gekommen und hat hier gegessen und ein Bad genommen. Das macht er immer noch, aber er ist sehr unabhängig. Liegt niemandem auf der Tasche. Geht regelmäßig runter ins Dorf zum Einkaufen und wegen seiner Rente.»

«Und immer mit seiner Katze?»

«Ja.» Eddy lachte noch einmal. «Immer mit seiner Katze.»

Wir gingen in die Ställe, um mit dem Tuberkulintest anzufangen, doch während ich ein ums andere Mal schnitt und maß und Injektionen gab, ging mir die Erinnerung an dieses komische Pärchen nicht mehr aus dem Kopf.

Als ich drei Tage später am Tor zur Farm ankam, um die Tuberkulintests abzulesen, saß Mr. Ireson auf einem Korbstuhl in der Sonne und las, die Katze auf dem Schoß.

Als ich ausstieg, lüftete er wie zuvor den Hut. «Guten Tag. Ein sehr schöner Tag heute.»

«Ja, da haben Sie recht.» Während ich sprach, spang Emily herunter und stolzierte durchs Gras, um mich zu begrüßen, und als ich sie unter dem Kinn kraulte, machte sie einen Buckel und strich mir schnurrend um die Beine.

«Was für ein hübsches kleines Tier», sagte ich.

Der Ausdruck das alten Mannes veränderte sich, wurde mehr als Höflichkeit. «Sie mögen Katzen?»

«Ja. Ich hab sie schon immer gemocht.» Während ich mit dem Streicheln fortfuhr und dann spielerisch an ihrem Schwanz zog, schaute das hübsche getigerte Gesicht zu mir hoch, und das Schnurren steigerte sich zu einem Crescendo.

«Emily scheint Sie ja sehr sympathisch zu finden. Ich habe sie noch nie so überschwenglich gesehen.»

Ich lachte. «Sie weiß, was ich empfinde. Katzen wissen das immer – es sind sehr kluge Tiere.»

Mr. Ireson strahlte zustimmend. «Ich habe Sie doch neulich schon gesehen, nicht wahr? Sie haben geschäftlich mit Mr. Carless zu tun?»

«Ja, ich bin sein Tierarzt.»

«Oh ... ich verstehe. Sie sind also Tierarzt, und meine Emily findet Ihren Gefallen.»

«Anders könnte es ja auch gar nicht sein. Sie ist schön.»

Der alte Mann schien vor Dankbarkeit förmlich aufzublühen. «Das ist sehr freundlich von Ihnen.» Er zögerte. «Ich frage mich, Mr. ... äh ...»

«Mr. Herriot.»

«Ah ja, ich frage mich, Mr. Herriot, ob Sie wohl die Güte haben würden, eine Tasse Tee mit mir zu trinken, wenn Sie mit Ihren Angelegenheiten bei Mr. Carless fertig sind?»

«Das tue ich gern. Es dauert keine Stunde, dann bin ich fertig.»

«Prächtig, prächtig. Ich freue mich also darauf, Sie dann zu sehen.»

Das Testergebnis bei Eddy war einwandfrei. Kein einziger positiver Befund, nicht einmal ein Verdacht. Ich notierte die Einzelheiten in meinem Testbuch und lief eilig wieder auf dem Farmweg zurück.

Mr. Ireson wartete am Tor. «Es ist ein bißchen kühl geworden», sagte er. «Ich denke, wir sollten lieber hineingehen.» Er führte mich hinüber zu dem Iglu, zog die Säcke beiseite und hieß mich mit altehrwürdiger Grazie eintreten.

«Nehmen Sie doch bitte Platz», murmelte er und wies mir mit einer Handbewegung einen Platz an, der wie ein ehemaliger

Autositz aus zerrissenem Leder aussah, während er sich auf den Korbstuhl sinken ließ, den ich draußen schon gesehen hatte.

Während er zwei Becher zurechtstellte, dann den Kessel von einem Primuskocher nahm und aufzugießen begann, betrachtete ich das Interieur. Da waren eine Campingliege, ein dickbauchiger Rucksack, eine Reihe Bücher, eine Grubenlampe, ein niedriger Schrank und ein Korb, in dem Emily sich häuslich niedergelassen hatte.

«Milch und Zucker, Mr. Herriot?» Der alte Mann neigte würdevoll den Kopf. «Aha, ohne Zucker. Ich habe ein paar Rosinenbrötchen, nehmen Sie sich doch eines. Unten im Dorf gibt es eine ausgezeichnete kleine Bäckerei, da bin ich Stammkunde.»

Ich biß in das Rosinenbrötchen, nippte am Tee und betrachtete verstohlen die Reihe Bücher. Ausschließlich Gedichtbände. Blake, Swinburne, Longfellow, Whitman, alle ramponiert und zerlesen.

«Sie mögen Gedichte?» sagte ich.

Er lächelte. «Ja. Ich lese auch andere Sachen – der Wagen der öffentlichen Bibliothek kommt jede Woche hier herauf –, doch ich greife immer wieder auf meine alten Freunde zurück, insbesondere diesen hier.» Er hielt den eselsohrigen Band hoch, in dem er zuvor gelesen hatte. *The Poems of Robert W. Service.*

«Der gefällt Ihnen, was?»

«Ja. Service ist wohl mein Lieblingsdichter. Vielleicht nicht gerade klassische Dichtung, aber seine Verse rühren tief in meinem Inneren etwas an.» Er betrachtete das Buch, und dann schauten seine Augen über mich hinweg an einen Ort, den nur er kannte. In dem Augenblick fragte ich mich, ob vielleicht Alaska oder das wilde Yukon Territory der Schauplatz seiner Wanderungen gewesen war, und einen Moment lang hoffte ich, er würde mir vielleicht etwas aus seiner Vergangenheit erzählen, doch darüber schien er nicht sprechen zu wollen. Er wollte über seine Katze reden.

«Es ist etwas ganz Außergewöhnliches, Mr. Herriot. Ich habe mein ganzes Leben lang allein gelebt und mich nie einsam gefühlt, doch jetzt weiß ich, daß ich ohne Emily schrecklich allein wäre. Klingt das für Sie töricht?»

«Ganz und gar nicht. Möglicherweise liegt es daran, daß Sie früher kein Haustier gehabt haben. Oder hatten Sie eins?»

«Nein, nicht. Anscheinend habe ich es nie lange genug an einem Ort ausgehalten. Ich habe Tiere sehr gern, und es hat Zeiten gegeben, da meinte ich, ich besäße vielleicht gern einen Hund, aber nie eine Katze. Ich habe so oft gehört, daß Katzen keine Zuneigung schenken, daß sie an sich selbst genug haben und nie wirklich jemanden mögen. Stimmen Sie dem zu?»

«Natürlich nicht. Das ist absoluter Unsinn. Katzen haben zwar einen ganz eigenen Charakter, aber ich habe Hunderte von freundlichen, zärtlichen Katzen behandelt, die ihren Besitzern treue Freunde sind.»

«Ich bin so froh, Sie das sagen zu hören, weil ich mir ein wenig schmeichle, daß dieses kleine Wesen so an mir hängt.» Er schaute auf Emily hinunter, die ihm auf den Schoß gesprungen war, und streichelte ihr zärtlich den Kopf.

«Das ist nicht zu übersehen», sagte ich, und der alte Mann lächelte vor Freude.

«Wissen Sie, Mr. Herriot», sprach er weiter, «als ich mich hier niedergelassen habe –» er wies mit der Hand rundum auf seine Behausung, als sei dies das Ankleidezimmer in einem von großen Ländereien umgebenen Herrenhaus –, «hatte ich keinen Grund zu der Annahme, daß ich nicht auch weiterhin für mich allein leben würde, so wie ich es gewohnt war, aber eines Tages kam dieses kleine Tier von irgendwoher hereingelaufen, als sei es eingeladen worden, und damit hat sich mein ganzes Leben verändert.»

Ich lachte. «Sie hat sie adoptiert. Das tun Katzen. Und für Sie war das ein Glückstag.»

«Ja … wie wahr … wie wahr. Sie scheinen viel von diesen Dingen zu verstehen, Mr. Herriot. Erlauben Sie, daß ich Ihnen noch einmal nachschenke.»

Es war der erste von vielen Besuchen in Mr. Iresons seltsamem Iglu. Wenn ich zur Carless-Farm ging, versäumte ich es nie, die Säcke beiseite zu schieben und einen Blick in das Iglu zu werfen, und wenn Eugene zu Hause war, tranken wir eine Tasse Tee und unterhielten uns eine Weile. Wir sprachen über vielerlei – Bücher, die politische Lage, Naturkunde – ein Gebiet, auf dem er sehr bewandert war –, doch schließlich kamen wir jedesmal auf Katzen zu sprechen. Er wollte alles über deren Pflege und Fütterung, Gewohnheiten und Krankheiten wissen. Während ich danach gierte, etwas von seinen Weltreisen zu hören, von denen er jedoch nur in vagen Andeutungen sprach, hörte er mit weit aufgerissenen Kinderaugen interessiert zu, wenn ich von meiner Arbeit als Tierarzt erzählte.

Es war während einer dieser Sitzungen, daß ich Emily direkt zur Sprache brachte.

«Mir fällt auf, daß sie entweder hier ist oder bei Ihnen an der Leine, aber streift sie denn nie allein draußen herum?»

«Nun ja … jetzt, wo Sie es erwähnen. Erst kürzlich hat sie es getan. Sie geht nur zur Farm hinauf – ich vergewissere mich, daß sie nicht auf der Straße herumwandert, wo sie überfahren werden könnte.»

«Das habe ich nicht gemeint, Mr. Ireson. Mir ging es vielmehr darum, daß da oben auf der Farm mehrere Kater sind. Sie könnte leicht trächtig werden.»

Er setzte sich plötzlich im Stuhl auf. «Himmel, ja. Daran habe ich noch gar nicht gedacht – wie dumm von mir. Ich behalte sie wohl lieber hier drin.»

«Das ist sehr schwierig», sagte ich. «Es wäre viel besser, wenn Sie sie sterilisieren ließen.»

«Was?»

«Wenn Sie mich eine Hysterektomie machen ließen. Den Uterus und die Eierstöcke entfernen. Dann wäre sie sicher – und Sie können doch hier drin nicht jede Menge Kätzchen gebrauchen, oder?»

«Nein ... nein ... natürlich nicht. Aber eine Operation ...» Er starrte mich ängstlich an. «Das wäre doch nicht ganz ungefährlich ...»

«Nein, nein», sagte ich so forsch ich konnte. «Das ist eine recht einfache Prozedur. Wir machen sie häufig.»

Seine normale Umgänglichkeit war von ihm abgefallen. Von Anfang an war er mir als ein Mann erschienen, der so vieles im Leben gesehen hatte, daß nichts seine Gelassenheit erschüttern konnte, doch nun schien er innerlich zu schrumpfen. Mit langsamen Bewegungen streichelte er die kleine Katze, die wie gewöhnlich auf seinem Schoß saß, dann langte er hinunter nach einem in schwarzes Leder gebundenen Band mit verblichener

goldener Aufschrift, den *Werken von Shakespeare*, in denen er gelesen hatte, als ich kam. Er legte ein Lesezeichen in das Buch und klappte es zu, bevor er es vorsichtig auf den Tisch legte.

«Ich weiß wirklich nicht, was ich dazu sagen soll, Mr. Herriot.»

Ich lächelte ihm ermutigend zu. «Es besteht kein Grund zur Sorge. Ich rate Ihnen dringend zu. Wenn ich die Operation kurz beschreiben darf? Das wird Sie beruhigen, da bin ich mir sicher. Es ist im Grunde Schlüsselloch-Chirurgie – wir machen nur einen kleinen Einschnitt, holen die Eierstöcke und den Uterus dort heraus und binden den Stumpf ab …»

Ich hielt sofort den Mund, denn der alte Mann schloß die Augen und sank so stark zur Seite, daß ich glaubte, er würde jeden Augenblick vom Stuhl fallen. Nicht zum ersten Mal hatten meine kurzen Skizzen aus dem chirurgischen Alltag eine unerfreuliche Wirkung, und ich änderte die Taktik.

Ich lachte laut und klopfte ihm aufs Knie. «Na, Sie sehen also, es ist nichts – gar nichts.»

Er öffnete die Augen und holte lange und zitternd Luft. «Ja … ja … Sie haben sicherlich recht. Aber lassen Sie mir ein wenig Zeit zum Nachdenken. Das alles kommt so plötzlich für mich.»

«In Ordnung, Eddy Carless wird sicher für Sie bei mir anrufen. Aber warten Sie nicht zu lange.»

Ich war nicht überrascht, als ich nichts von dem alten Mann hörte. Die bloße Vorstellung jagte ihm offenbar einen großen Schrecken ein, und es verging mehr als ein Monat, bis ich ihn wiedersah.

Ich steckte den Kopf durch die Säcke. Er saß wie gewöhnlich

auf seinem Stuhl und schälte Kartoffeln, und er sah mich ernst an.

«Ah, Mr. Herriot. Kommen Sie, setzen Sie sich. Ich wollte schon Kontakt zu Ihnen aufnehmen – ich bin so froh, daß Sie vorbeigekommen sind.» Mit entschlossener Miene warf er den Kopf zurück. «Ich habe beschlossen, Ihren Rat bezüglich Emilys zu befolgen. Sie können die Operation durchführen, wenn Sie es für angebracht halten.» Doch seine Stimme zitterte, als er sprach.

«Das ist ja großartig», sagte ich munter. «Ich habe einen Korb im Auto, ich kann sie also gleich mitnehmen.»

Ich bemühte mich, nicht auf sein bestürztes Gesicht zu achten, als mir die Katze auf den Schoß sprang. «Also, Emily, du kommst mit mir.» Als ich dann das kleine Tier anschaute, zögerte ich. Bildete ich mir das nur ein, oder war ihr Unterbauch deutlich dicker?

«Einen Augenblick noch», flüsterte ich, als ich den Körper abtastete, dann sah ich zu dem alten Mann hoch. «Es tut mir leid, Mr. Ireson, aber es ist schon zu spät. Sie ist trächtig.»

Der Mund ging ihm auf, aber es kamen keine Worte heraus, und dann schluckte er und sprach in rauhem Flüsterton: «Aber … aber, was sollen wir da bloß machen?»

«Nichts, nichts, keine Sorge. Sie wird die Kätzchen bekommen, das ist alles, und ich finde für sie ein Zuhause. Alles wird gut.» Ich spielte so gut es ging den Forsch-Fröhlichen, aber es schien nicht zu helfen.

«Aber Mr. Herriot, ich verstehe nichts von derlei Dingen. Ich mache mir schreckliche Sorgen. Sie könnte sterben, wenn sie die Jungen zur Welt bringt – sie ist doch so winzig.»

«Nein, nein, ganz und gar nicht. Katzen haben damit so gut wie keine Probleme. Wissen Sie was – wenn es losgeht, wenn sie die Kätzchen bekommt, wahrscheinlich ungefähr in einem Monat, dann sagen Sie Eddy, er soll mich anrufen. Ich komme her und passe auf, daß alles gutgeht. Wie wäre das?»

«Ach, Sie sind so freundlich. Ich komme mir bei alledem so unbeholfen vor. Das Problem ist … sie bedeutet mir so viel.»

«Ich weiß. Hören Sie auf, sich zu beunruhigen. Alles wird gut ausgehen.»

Wir tranken zusammen eine Tasse Tee, und als ich ging, hatte er sich wieder gefaßt.

Als ich ihn das nächste Mal sah, geschah dies unter unvorhergesehenen Umständen.

Es war ungefähr zwei Wochen später, und ich nahm am alljährlichen Abendessen des Bauernverbands unseres Bezirks teil. Es war ein offizieller Anlaß, und die Gesellschaft bestand aus einer bunten Mischung von Farmern, Großgrundbesitzern und Beamten des Landwirtschaftsministeriums. Ich verdankte das Dabeisein meiner Beförderung in den Milch-Unterausschuß.

Ich trank gerade mit einem meiner Klienten einen Aperitif, als ich mich beinahe verschluckt hätte. «Guter Gott! Mr. Ireson!» rief ich aus und zeigte auf die große Gestalt mit dem weißen Bart, die, untadelig gekleidet, mit weißem Schlips und im Frack am anderen Ende des Raums inmitten einer Gruppe von Menschen stand. Der gewöhnlich strubbelige silberne Haarschopf war glatt zurückgekämmt und glänzte oberhalb der Ohren, und Ireson, ein Glas in der Hand und eine imponierende Gestalt, redete auf die Gruppe ein, die bei seinen Worten ehrerbietig nickte.

«Ich kann es nicht glauben!» brach es wieder aus mir hervor.

«Ja, das ist er, wie er leibt und lebt», brummte mein Freund. «Der elende Mistkerl.»

«Was!?»

«Ja, er ist ein richtiges altes Ekel. Er würde seiner eigenen Großmutter das Fell über die Ohren ziehen.»

«Also, das ist ja komisch. Ich kenne ihn noch nicht lange, aber ich mag ihn. Ich mag ihn sogar sehr.»

Der Farmer zog die Augenbrauen hoch. «Da sind Sie aber sicher der einzige, dem das so geht», murrte er griesgrämig. «Er ist der schlimmste Mistkerl, den ich je kennengelernt habe.»

Ich schüttelte verwirrt den Kopf. «Ich verstehe das nicht. Und diese Sachen – wo zum Teufel hat er die nur her? Ich habe ihn nur in seiner Hütte an der Straße gesehen, und er scheint nicht mehr als das Allernötigste zu besitzen.»

«He, Moment mal!» Der Farmer lachte und boxte mir an die Brust. «Jetzt komme ich dahinter. Sie sprechen von seinem Bruder, dem alten Eugene. Das da drüben ist Cornelius.»

«Mein Gott, wie erstaunlich. Die Ähnlichkeit ist verblüffend. Sind sie Zwillinge?»

«Nein, sie sind zwei Jahre auseinander, aber wie Sie schon sagten, man kann sie kaum auseinanderhalten.»

Als wüßte er, daß wir über ihn sprachen, drehte sich der Mann zu uns um. Das Gesicht glich dem von Eugene, aber wo bei jenem Sanftmut war, war hier Angriffslust, wo bei jenem Milde und Gelassenheit waren, war hier eine finstere Arroganz. Ich konnte nur einen schaudernden Blick auf dieses Gesicht werfen, dann drehte er sich weg und begann seine Begleiter von neuem zu belehren.

Es war ein unheimliches Erlebnis, und ich starrte weiter zu der Gruppe hinüber, bis mein Freund mich in meinen Überlegungen störte.

«Ja, dieser Irrtum ist schon vielen Leuten unterlaufen, aber die beiden ähneln sich wirklich nur äußerlich. Man findet keine zwei Menschen, die sich im Charakter mehr unterscheiden würden. Eugene ist ein prächtiger alter Bursche, aber was diesen Mistkerl hier angeht – den hab ich noch nie lächeln sehen.»

«Kennen Sie Eugene?»

«So gut wie die meisten anderen wohl auch. Ich bin fast so alt wie er, und meine Farm liegt auf dem Land von Ireson. Cornelius hat alles geerbt, als der Vater starb, aber ich glaube nicht, daß Eugene Interesse daran gehabt hätte, das Textilimperium und den Grundbesitz zu verwalten. Er war ein Träumer und ein Zugvogel – nett und freundlich, aber irgendwie nicht von dieser Welt. Geld bedeutet ihm nichts. Ist nach Oxford gegangen, wissen Sie, aber bald danach ist er verschwunden, und jahrelang wußte niemand, ob er noch lebt oder schon tot ist.»

«Und jetzt ist er wieder da, in dem kleinen Häuschen an der Straße.»

«Ja, ist doch komisch, nicht?»

Es war in der Tat komisch – eine der seltsamsten Geschichten, die ich je gehört habe, und sie war in den folgenden Wochen stets in einem Winkel meines Bewußtseins präsent. Ich fragte mich, wie der alte Mann und seine Katze in dem Iglu wohl zurechtkamen und ob die Kätzchen schon geboren waren. Doch das konnte nicht sein – ich war mir sicher, er hätte mich benachrichtigt.

An einem stürmischen Abend hörte ich endlich von ihm.

«Mr. Herriot, ich rufe von der Farm aus an. Emily hat diese

Kätzchen zwar noch nicht zur Welt gebracht, aber sie ist ... sehr dick und hat den ganzen Tag zitternd dagelegen und wollte nichts fressen. Ich muß Sie leider an diesem schrecklichen Abend stören, denn ich verstehe nichts von diesen Dingen, und sie sieht ... ganz unglücklich aus.»

Es gefiel mir gar nicht, das zu hören, doch ich bemühte mich, den Gelassenen zu spielen. «Ich denke, ich komme gleich mal zu Ihnen raus und schau sie mir an, Mr. Ireson.»

«Wirklich – sind Sie sicher?»

«Absolut. Keine Ursache. Ich bin gleich da.»

Es war eine seltsame, beinahe unwirkliche Szene, als ich vierzig Minuten später durch die Dunkelheit stolperte und die Säcke beiseite schob. Der Wind und der Regen rüttelten an den Planenwänden, und im flackernden Licht der Grubenlampe sah ich Eugene auf seinem Stuhl sitzen und Emily streicheln, die neben ihm in ihrem Körbchen lag.

Die kleine Katze war stark angeschwollen, so sehr, daß sie beinahe nicht wiederzuerkennen war, und als ich mich hinkniete und mit der Hand über den aufgeblähten Unterleib fuhr, spürte ich, daß die Haut straff gespannt war. Sie war bis zum Platzen voll mit jungen Kätzchen, sah jedoch matt und erschöpft aus. Sie preßte auch und leckte sich die Vulva.

Ich schaute zu dem alten Mann hoch. «Haben Sie heißes Wasser, Mr. Ireson?»

«Ja, der Kessel hat gerade gekocht.»

Ich seifte mir den kleinen Finger ein. Er würde gerade so in die kleine Vagina passen. Innen spürte ich den weitgeöffneten Muttermund und dahinter eine Masse, die ich ungefähr ertasten konnte. Der Himmel allein wußte, wie viele Kätzchen da eingezwängt waren, eines jedoch war sicher – es war ausgeschlossen, daß sie jemals da herauskommen konnten. Dort drin war nicht der geringste Spielraum. Ich konnte nichts tun. Emily wandte mir das Gesicht zu und gab ein leises, verstörtes Miauen von sich. Schlagartig wurde mir klar, daß sie sterben konnte.

«Mr. Ireson», sagte ich. «Ich muß sie sofort mitnehmen.»

«Sie mitnehmen?» sagte er bestürzt flüsternd.

«Ja. Ich muß einen Kaiserschnitt machen. Die Kätzchen können auf normalem Wege nicht heraus.»

Er saß kerzengerade auf seinem Stuhl und nickte schockiert zu dieser Mitteilung, die er nur zur Hälfte verstand. Ich schnappte mir den Korb samt Emily und stürzte hinaus in die Dunkelheit. Als mir dann der alte Mann wieder einfiel, der mir mit leerem Blick nachgesehen hatte, wurde mir klar, daß ich schon zartfühlender mit Leuten umgegangen war. Ich steckte den Kopf noch einmal zwischen den Sackvorhängen durch.

«Machen Sie sich keine Sorgen, Mr. Ireson», sagte ich, «alles wird gut.»

Machen Sie sich keine Sorgen. Mutige Worte. Als ich Emily

auf dem Rücksitz abstellte und davonfuhr, war ich verdammt besorgt, und ich verfluchte das Schicksal, das wie zum Hohn beschlossen hatte, daß ich nach all meinen leichtfertigen Bemerkungen über Katzen, die ohne Schwierigkeiten Junge zur Welt bringen, nun vielleicht in die Katastrophe fuhr. Wie lange hatte Emily schon so dagelegen? Uterusruptur? Septikämie? Die schrecklichen Möglichkeiten schossen mir durch den Kopf. Und warum mußte das unter allen Menschen ausgerechnet diesem einsamen Mann passieren?

Ich hielt am Dorfkiosk und rief Siegfried an.

«Ich bin gerade beim alten Eugene Ireson weggefahren. Würdest du in die Praxis kommen und mir behilflich sein? Kaiserschnitt bei einer Katze, und es eilt. Tut mir leid, wenn ich dich an deinem freien Abend stören muß.»

«Ist vollkommen in Ordnung, James, ich habe rein gar nichts vor. Bis gleich, ja?»

Als ich in die Praxis kam, hatte Siegfried den Sterilisator schon zum Dampfen gebracht und alles zurechtgelegt. «Das ist deine Sache, James», murmelte er. «Ich bin der Anästhesist.» Ich hatte die Operationsstelle rasiert und hielt das Skalpell schon über den enorm angeschwollenen Abdomen bereit, da pfiff er leise durch die Zähne. «Meine Güte», sagte er. «Das ist ja, als würde man einen Abszeß aufschneiden.»

Und ganz genauso war es auch. Schon beim ersten Schnitt,

so fürchtete ich, würde mir die Masse der Kätzchen entgegenquellen, und wirklich, als ich mit ganz schwachem Druck die Haut und den Muskel durchtrennte, wölbte sich der voll beladene Uterus alarmierend.

«Verdammt!» keuchte ich. «Wie viele sind denn da bloß drin?»

«Jede Menge!» sagte mein Partner. «Dabei ist sie doch so klein.»

Ganz behutsam öffnete ich das Peritoneum, das, wie ich erleichtert feststellte, sauber und gesund aussah, und als ich weitermachte, wartete ich darauf, daß nun ein Knäuel kleiner Köpfchen und Tatzen erschiene. Doch mit wachsender Verblüffung sah ich, wie ich an einem gewaltigen, kohlschwarzen Rücken entlangschnitt, und als ich schließlich den Finger um einen Hals schloß, ein Kätzchen hervorzog und es auf den Tisch legte, war der Uterus leer.

«Da ist nur eins!» keuchte ich. «Ist es zu glauben!»

Siegfried lachte. «Ja, aber was für ein Brocken. Und es lebt.» Er hob das Kätzchen hoch und betrachtete es genauer. «Ein mordsmäßiger Kater – der ist ja fast so groß wie seine Mutter!»

Während ich zunähte und der schlafenden Emily eine Penicillinspritze verpaßte, spürte ich, wie meine innere Spannung sich in Wellen des Glücks auflöste. Die kleine Katze war in guter Verfassung. Meine Befürchtungen waren grundlos gewesen. Das beste wäre, den kleinen Kater einige Wochen bei ihr zu lassen, und danach könnte ich ein Zuhause für ihn suchen.

«Vielen Dank, daß du gekommen bist, Siegfried», sagte ich. «Es sah anfangs nach einem verzwickten Fall aus.»

Ich konnte es kaum erwarten, wieder zu dem alten Mann zu kommen, der, wie mir klar war, den Schlag, daß ich seine geliebte Katze mitgenommen hatte, gewiß noch nicht überwunden haben würde. Und wirklich, als ich durch den Sackvorhang eintrat, sah es so aus, als habe er sich nicht von der Stelle gerührt, seitdem ich ihn zuletzt gesehen hatte. Er las nicht, er tat gar nichts, er saß nur auf seinem Stuhl und starrte vor sich hin.

Als ich den Korb neben ihm abstellte, drehte er sich ein wenig zur Seite und schaute verwundert auf Emily, die aus der Narkose zu erwachen und ganz langsam den Kopf zu heben begann, und auf den schwarzen Neuankömmling, der bereits ein gewisses Interesse an seinem Privateigentum an Zitzen entwickelte.

«Sie wird sich wieder erholen, Mr. Ireson», sagte ich, und er nickte bedächtig.

«Wunderbar. Einfach wunderbar», flüsterte er.

Als ich zehn Tage später hinfuhr, um die Fäden zu ziehen, herrschte in dem Iglu Karnevalsstimmung.

Der alte Eugene war außer sich vor Freude, und Emily, die auf dem Rücken ausgestreckt lag, während ihr riesiger Sprößling eifrig saugte, schaute mit einem Stolz zu mir hoch, der an Eitelkeit grenzte.

«Zur Feier des Tages sollten wir eine Tasse Tee trinken und eins von meinen geliebten Rosinenbrötchen essen», sagte der alte Mann.

Während der Kessel heiß wurde, fuhr er mit dem Finger über den Körper des Kätzchens. «Ein hübscher Kerl, nicht wahr?»

«O ja, keine Frage. Er wird zu einem schönen Kater heranwachsen.»

Eugene lächelte. «Ja, das glaube ich auch, und es wird schön sein, ihn hier mit Emily bei mir zu haben.»

Ich hielt inne, als er mir ein Brötchen reichte. «Einen Moment, Mr. Ireson. Zwei Katzen hier drin sind wirklich zuviel für Sie.»

«Wirklich? Warum denn?»

«Sie gehen doch fast alle Tage mit Emily an der Leine ins

Dorf. Und mit zwei Katzen wird das auf der Straße schwierig für Sie. Außerdem haben Sie doch hier gar keinen Platz.»

Da er nichts erwiderte, redete ich weiter auf ihn ein. «Jedenfalls hat mich erst neulich eine Dame gefragt, ob ich nicht ein schwarzes Kätzchen für sie auftreiben könnte. So viele Leute bitten uns, ein ganz bestimmtes Tier für sie zu suchen. Oft soll es ein älteres ersetzen, das gerade gestorben ist, und wir haben es manchmal gar nicht leicht, ihnen den Wunsch zu erfüllen, aber diesmal konnte ich sagen, ich wüßte da etwas, und es sei genau das, was sie suche.»

Er nickte bedächtig und sagte dann nach einem Augenblick des Nachdenkens: «Ich bin sicher, daß Sie recht haben, Mr. Herriot. Ich hatte es mir nicht richtig überlegt.»

«Jedenfalls», sagte ich, «ist sie eine sehr nette Dame und eine wirkliche Katzenfreundin. Er wird dort ein schönes Zuhause haben. Wie ein kleiner Sultan wird er bei ihr leben.»

Er lachte. «Gut ... gut ... und vielleicht höre ich ja ab und zu, wie es ihm geht?»

«Unbedingt. Ich halte Sie regelmäßig auf dem laufenden.» Ich sah, daß ich die Hürde elegant überwunden hatte, und hielt es für besser, das Thema zu wechseln. «Übrigens habe ich zum ersten Mal Ihren Bruder gesehen.»

«Cornelius?» Er schaute mich ausdruckslos an. Wir hatten das Thema noch nie berührt. «Und was halten Sie von ihm?»

«Nun ja … er sah nicht sehr glücklich aus.»

«Ja, das glaube ich gern. Er ist kein glücklicher Mensch.»

«Das ist der Eindruck, den ich gewonnen habe. Und das, obwohl er so viel besitzt.»

Der alte Mann lächelte sanft. «Ja, aber es gibt auch vieles, was er nicht besitzt.»

Ich trank einen kleinen Schluck von meinem Tee. «Das stimmt. Zum Beispiel Emily.»

«Wie wahr! Das wollte ich selber gerade sagen, doch ich dachte, Sie würden mich vielleicht für einen Dummkopf halten.» Er warf den Kopf in den Nacken und lachte. Ein fröhliches, jungenhaftes Lachen. «Ja, ich habe Emily, und darauf kommt es an. Ich bin so froh, daß wir da einer Meinung sind. Kommen Sie, nehmen Sie noch ein Brötchen.»

Schneiden, Waschen und Legen

ALS GROSSEN KATZENFREUND ÄRGERTE ES MICH nach wie vor, daß meine eigenen Katzen meinen Anblick nicht ertragen konnten. Ginny und Olly gehörten inzwischen zur Familie. Wir hingen sehr an ihnen, und jedesmal, wenn wir einen freien Tag hatten, öffnete Helen nach unserer Rückkehr als erstes die Hintertür und fütterte sie. Die Katzen wußten das ganz genau und saßen entweder bereits auf der Mauerbrüstung und erwarteten sie oder kamen gleich vom Holzschuppen angelaufen.

Wir waren an unserem freien Nachmittag in Brawton gewesen, und sie warteten wie gewöhnlich schon, als Helen ihnen eine Abendmahlzeit und eine Schüssel Milch auf die Mauer stellte.

«Olly, Ginny», zirpte sie, als sie die weichen Felle streichelte. Die Zeiten, in denen die beiden ihr nicht erlaubt hatten, sie anzurühren, waren längst vorbei. Nun rieben sie sich entzückt an ihrer Hand, machten einen Buckel und schnurrten, und wenn sie fraßen, strich Helen ihnen mit der Hand immer wieder über den Rücken. Es waren so sanfte Tiere. Ihre Wildheit spürte man nur, wenn sie sich fürchteten. Und nun, in Helens Gegenwart, war diese Furcht verschwunden. Meine Kinder und ein paar Leute aus dem Dorf hatten ebenfalls ihr Vertrauen erworben und durften ihnen behutsame Zärtlichkeiten erweisen, doch bei Herriot zogen sie stets den Schlußstrich.

So wie zum Beispiel jetzt. Leise ging ich Helen nach draußen nach und bewegte mich auf die Mauer zu, und sofort ließen sie ihr Futter stehen und verkrümelten sich in sicherer Entfernung, wo sie buckelnd stehenblieben. Sie schauten mich ohne Feindseligkeit an, doch als ich die Hand ausstreckte, zogen sie sich noch weiter zurück.

«Schau dir die kleinen Kerlchen an!» sagte ich. «Sie wollen immer noch nichts mit mir zu tun haben.»

Es war frustrierend, denn ich meinte, daß ich besser mit ihnen umgehen konnte als die meisten Menschen, weil ich Katzen mochte und sie das spürten. Ich rühmte mich sogar ein wenig meiner speziellen Katzentechnik, einer Art geschickter Krankenpflege, und für mich bestand kein Zweifel daran, daß ich mit der ganzen Spezies auf vertrautem Fuße stand. Nur nicht – ironischerweise – mit diesen beiden, die mir so ans Herz gewachsen waren.

Das war schon hart, dachte ich, weil ich sie ja verarztet und ihnen vermutlich das Leben gerettet hatte, als sie den Katzenschnupfen gehabt hatten. Erinnerten sie sich daran? fragte ich mich, aber falls ja, gab mir das trotzdem nicht das Recht, sie auch nur mit dem Finger zu berühren. Und wirklich, woran sie sich mit Sicherheit erinnerten, war, daß ich sie mit dem Netz eingefangen und in den Käfig gesteckt hatte, als ich sie hatte sterilisieren wollen. Ich wurde das Gefühl nicht los, daß sie, wann immer sie mich sahen, zuerst an dieses Netz und diesen Käfig dachten.

Ich konnte nur darauf hoffen, daß mit der Zeit eine Verständigung zwischen uns möglich würde, aber wie es sich herausstellte, sollte das Schicksal noch lange gegen mich arbeiten. Vor allem war da die Sache mit Ollys Fell. Im Unterschied zu seiner Schwester war er eine Langhaarkatze und als solche ständig der Unbill ausgesetzt, daß sein Haar sich verfilzte und verknotete. Wäre er eine gewöhnliche Hauskatze gewesen, hätte ich ihn ausgekämmt, sobald das Problem auftauchte, doch da er mich nicht einmal in seine Nähe ließ, war ich machtlos. Wir hatten ihn inzwischen seit zwei Jahren, als Helen mich eines Tages in die Küche rief.

«Schau ihn dir mal an», sagte sie. «Er sieht schrecklich aus.»

Ich spähte durchs Fenster. Olly sah tatsächlich ein bißchen aus wie eine Vogelscheuche mit dem verfilzten Haar und den davon herunterbaumelnden Knoten – ein deutlicher Gegensatz zu seiner geschmeidigen, hübschen kleinen Schwester.

«Ich weiß, ich weiß. Aber was soll ich machen? Moment mal, dort am Hals hängen ihm ja ein paar gräßliche Klumpen herunter. Nimm doch die Schere hier und versuch's mal damit – ein paar schnelle Schnipser, und ab sind sie.»

Helen warf mir einen gequälten Blick zu. «Ach, das haben wir doch schon versucht. Ich bin kein Tierarzt, und er läßt mich sowieso nicht ran. Ihn streicheln, das darf ich, aber das ist etwas anderes.»

«Ich weiß, aber versuch es trotzdem. Da ist wirklich nichts dabei.» Ich drückte ihr eine gebogene Schere in die Hand und rief ihr durchs Fenster hindurch Anweisungen zu. «Los jetzt, mit den Fingern hinter dieses baumelnde Knäuel. Prima, prima. Nun hoch mit der Schere und –»

Doch beim ersten Aufblitzen des Stahls war Olly schon auf und über den Hügel davon. Verzweifelt drehte sich Helen zu mir um. «Es hat keinen Zweck, Jim, es ist hoffnungslos – er läßt mich nicht mal einen einzigen Klumpen abschneiden, und er hat überall welche.»

Ich schaute mir das zerzauste kleine Biest an, das uns aus sicherer Entfernung betrachtete. «Du hast recht. Ich muß mir was ausdenken.»

Beim Nachdenken kam mir die Idee, Olly zu betäuben, damit ich an ihn herankam, und da fielen mir sofort meine treuen Nembutalkapseln ein. Dieses orale Anästhetikum war mir in zahllosen Fällen, wo ich es mit unnahbaren Tieren zu tun gehabt hatte, ein geschätzter Verbündeter gewesen. Doch hier war die Lage anders. In den anderen Fällen hatten sich meine Patienten hinter geschlossenen Türen befunden. Olly jedoch war draußen. Ich konnte ihn nicht einfach irgendwo einschlafen lassen, wo ein Fuchs oder ein anderer Räuber ihn sich schnappen konnte. Ich würde die ganze Zeit auf ihn aufpassen müssen.

Die Zeit war reif für Entschlüsse, und ich richtete mich zu voller Größe auf. «Ich werde es am Sonntag versuchen», sagte ich zu Helen. «Dann geht es in der Regel etwas ruhiger zu, und ich bitte Siegfried, für mich einzuspringen, wenn ein Notfall kommt.»

Als der Tag gekommen war, ging Helen hinaus und stellte zwei Schüsseln mit Fischhappen auf die Mauer. In eine war der Inhalt meiner Nembutalkapsel gerührt.

Ich ging hinter dem Fenster in die Hocke, sah gespannt zu, als sie Olly zu der richtigen Portion dirigierte, und hielt den Atem an, als er mißtrauisch daran schnupperte. Doch bald siegte sein Hunger über seine Vorsicht, und er fraß genußvoll den Teller leer.

Nun kam der schwierige Teil. Wenn er wie so oft beschloß, durch die Felder zu streifen, würde ich ihm dicht auf den Fersen bleiben müssen. Ich stahl mich aus dem Haus, als er den Abhang hinauf zum Holzschuppen zurückspazierte. Zu meiner großen Erleichterung ließ er sich in seiner Kuhle im Stroh nieder und fing an, sich zu putzen.

Während ich durch die Büsche spähte, sah ich dankbar, daß er schon bald Schwierigkeiten damit bekam. Er versuchte sich die Hinterpfote zu lecken und purzelte um, als er sie an die Wange hob. Ich lachte leise in mich hinein. Es lief wie am Schnürchen. Noch ein paar Minuten, und er war mein.

Und so kam es auch. Olly schien es bald satt zu haben, ständig umzufallen. Vielleicht war es keine schlechte Idee, ein Nickerchen zu machen. Nach einem benommenen Rundumblick rollte er sich im Stroh zusammen.

Ich wartete noch einen Moment und schlich mich dann heimlich wie ein Indianer auf Kriegspfad aus meinem Versteck zum Schuppen. Olly war noch nicht ganz außer Gefecht – ich hatte mich nicht getraut, ihm eine volle Dosis des Anästhetikums zu verabreichen, denn vielleicht verlor ich ja seine Fährte –, aber er war tief sediert. Ich konnte also getrost mit ihm machen, was ich wollte.

Als ich mich niederkniete und mit meiner Schere munter loszuschnippeln begann, öffnete er die Augen und machte ein paar klägliche Versuche, sich zu wehren, doch es war zwecklos, und ich kam in dem fransigen Fell schnell vorwärts. Ich konnte keine hundertprozentig ordentliche Arbeit leisten, weil er die ganze Zeit über ein wenig zappelte, doch schnitt ich all die großen unansehnlichen Knäuel ab, mit denen er oft im Gebüsch hängengeblieben war und die ihm schrecklich lästig gewesen sein mußten, und schon bald türmte sich ein Häufchen schwarzer Haare neben mir.

Ich bemerkte, daß Olly sich nicht nur bewegte, sondern mich auch beobachtete. So benommen er war, er wußte ganz genau, wen er da vor sich hatte, und sein Blick sagte es mir: «Du schon wieder!» sagte er. «Ich hätte es wissen müssen!»

Als ich fertig war, schob ich ihn in den Katzenkäfig und stellte diesen aufs Stroh. «Tut mir leid, alter Junge», sagte ich, «aber ich kann dich erst freilassen, wenn du wieder aufgewacht bist.»

Olly warf mir einen schläfrigen Blick zu, doch seine Empörung war nicht zu übersehen. «Du hast mich also schon wieder hier drin kaltgestellt. Du änderst dich wohl nie, was?»

Zur Teezeit hatte er sich bereits vollständig erholt, und ich konnte ihn herauslassen. Ohne die häßlichen Knoten sah er so viel besser aus, aber das beeindruckte ihn offenbar gar nicht. Als ich den Käfig öffnete, bedachte er mich nur mit einem kurzen angewiderten Blick und spurtete davon.

Helen war entzückt von meinem Werk, und am nächsten Morgen zeigte sie ungeduldig auf die beiden Katzen auf der Mauer. «Sieht er nicht schick aus! Ach, was bin ich froh, daß du es geschafft hast, ihn hübsch zu machen. Das hat mich wirklich beunruhigt. Und er muß sich ja auch viel wohler fühlen.»

Ich empfand eine gewisse eitle Selbstzufriedenheit, als ich aus dem Fenster schaute. Olly hatte in der Tat nichts mehr mit dem verlotterten Wesen gemein, das er noch gestern gewesen war, und es stand außer Frage, daß ich sein Leben dramatisch verändert und ihn von einer ständigen Plage befreit hatte, doch meine neuerworbene Selbstüberschätzung zerplatzte just in dem Augenblick wie eine Seifenblase, als ich den Kopf zur Tür hinaussteckte. Er hatte sich gerade über sein Frühstück hergemacht; bei meinem Anblick jedoch sauste er schneller denn je davon und verschwand eiligst hinter der Hügelkuppe. Traurig trat ich in die Küche zurück. Mein Ansehen bei Olly war noch ein paar Stufen tiefer gesunken. Lustlos goß ich mir eine Tasse Tee ein. Ich hatte es nicht leicht.

Moses aus dem Schilf

NUR UNTER AUFBIETUNG GROSSER WILLENSKRAFT würde ich den Wagen verlassen können. Ich hatte von Darrowby aus ungefähr zehn Meilen zurückgelegt und war unterwegs zur Erkenntnis gelangt, daß die Dales nicht etwa dann am kältesten wirkten, wenn sie unter einer Schneedecke verschwanden, sondern wenn die nackten Fells wie jetzt mit den ersten Flocken gesprenkelt waren, schwarz und weiß gestreift wie der Bauch einer zusammengekauerten Bestie. Und nun stand ich vor dem Gatter, das im Wind heftig hin und her klapperte.

Auch wenn der Wagen unbeheizt war und es darin erbärmlich zog, erschien er mir inmitten einer unwirtlichen Welt wie eine Zufluchtsstätte, und meine Hände, die in Wollhandschuhen steckten, krampften sich für einige Sekunden am Steuer fest, bevor ich endlich die Tür öffnete.

Der Wind riß mir beinahe die Klinke aus der Hand, als ich ausstieg, aber es gelang mir trotzdem, die Tür zuzuschlagen, be-

vor ich über den gefrorenen Schlamm zum Gatter torkelte. Obwohl ich in meinem schweren Mantel eingemummt war und mir den Schal bis über die Ohren gezogen hatte, spürte ich den eisigen Wind, der mir ins Gesicht schlug, in die Nase peitschte und über die Atemwege schmerzhaft hämmernd in meinen Kopf eindrang.

Endlich hatte ich das Gatter passiert und hinter mir geschlossen, doch als ich gerade mit tränenden Augen wieder in den Wagen steigen wollte, fiel mir etwas Sonderbares auf: Nicht weit vom Weg lag ein gefrorener Teich, und inmitten der reifbedeckten Binsen, die die erstarrte, undurchsichtige Wasseroberfläche säumten, war ein kleines, glänzend schwarzes Etwas auszumachen.

Ich ging hin und besah es mir aus der Nähe. Es handelte sich um ein winziges Kätzchen, vermutlich sechs Wochen alt, das zusammengeknäuelt und mit fest zugekniffenen Augen bewegungslos verharrte. Ich beugte mich vor und betastete vorsichtig den haarigen Leib. Das Kätzchen mußte wohl tot sein; diese kleine Handvoll hätte unmöglich in solch bitterer Kälte überleben können … doch halt, es blieb noch ein Lebensfunke, denn für einen kurzen Moment öffnete sich das Maul, ohne einen Laut, dann schloß es sich wieder.

Rasch hob ich das kleine Wesen auf und steckte es in meinen Mantel. Als ich in den Hof hineinfuhr, rief ich nach dem Bauern, der gerade zwei Eimer aus dem Kalbstall trug. «Ich habe eins Ihrer Kätzchen erwischt, Mr. Butler. Es muß sich nach draußen verirrt haben.»

Mr. Butler stellte seine Eimer ab und sah mich verständnislos an. «Kätzchen? Zur Zeit haben wir doch gar keine Kätzchen.»

Ich zeigte ihm, was ich gefunden hatte, und er wirkte noch verwirrter.

«Na, das ist aber seltsam, hier gibt's doch überhaupt keine schwarzen Katzen. Alle möglichen Farben haben wir, nur keine schwarzen.»

«Nun, dann ist sie wahrscheinlich von woanders hergekommen», erklärte ich.

«Obwohl ich mir nicht vorstellen kann, daß so ein kleines Wesen sehr weit laufen kann. Aber das wird wohl ein Geheimnis bleiben.»

Ich streckte ihm das Kätzchen entgegen, und er ließ es in seiner riesigen, von harter Arbeit aufgerauhten Hand verschwinden.

«Armer Wurm, ist gerade mal mit dem Leben davongekommen. Ich bring sie mal eben ins Haus und schau, was meine Frau für sie tun kann.»

In der Küche erwies sich Mrs. Butler voller Anteilnahme. «Oh, wie furchtbar!» Sie strich die zerzausten Haare mit einem Finger zurück. «Und so ein süßes Gesicht.» Sie sah zu mir auf. «Was ist es überhaupt, ein er oder eine sie?»

Ich warf einen raschen Blick unter die Hinterläufe. «Ein Kater.»

«In Ordnung», sagte sie. «Ich werd ihm ein bißchen warme Milch einflößen, doch jetzt geht's erst mal an die gute alte Kur.»

Mrs. Butler ging zum riesigen schwarzen Küchenherd, öffnete die Ofenklappe und legte den Kater hinein.

Ich mußte lächeln. Das war die klassische Vorgehensweise, wenn neugeborene Lämmer unter Kälte zu leiden hatten und zu erfrieren drohten; man packte sie in den Ofen, meistens mit erstaunlichem Erfolg. Mrs. Butler ließ die Tür halb offen, und ich konnte den kleinen schwarzen Körper drinnen gerade noch erkennen; dem Kätzchen schien es ziemlich gleichgültig zu sein, was da mit ihm geschah.

Die nächste Stunde verbrachte ich im Kuhstall und mühte mich mit den Überbeinen an den Hinterfüßen einer Kuh ab.

Aber man wird ja für die Plackerei entschädigt, dachte ich, als ich nach getaner Arbeit meinen schmerzenden Rücken streckte. Es war befriedigend zu sehen, wie die Kuh auf zwei nunmehr fast normal aussehenden Füßen bequem zum Stehen kam.

«Na, das wär dann mal erledigt», grummelte Mr. Butler. «Kommen Sie ins Haus und waschen Sie sich die Hände.»

Während ich mich in der Küche über das Spülbecken aus braunem Ton beugte, ließ ich ständig den Blick zum Ofen schweifen.

Mrs. Butler lachte. «Oh, er ist immer noch dabei. Schauen Sie doch selbst mal.»

Es war nicht leicht, den kleinen Kater im Dunkeln auszumachen. Als ich ihn jedoch erspäht hatte, streckte ich die Hand aus, um ihn zu berühren, und er wandte mir den Kopf zu.

«Er wird es schaffen», bemerkte ich. «Diese eine Stunde im Ofen hat Wunder gewirkt.»

«Klappt fast jedesmal.» Die Frau des Bauern holte das Kätzchen heraus. «Ist wohl ein ganz zäher.» Sie träufelte warme Milch in das winzige Mäulchen. «Noch einen Tag oder zwei, und er wird von allein saufen können.»

«Dann wollen Sie ihn also behalten?»

«Aber klar. Ich werde ihn Moses rufen.»

«Moses?»

«Ja, Sie haben ihn schließlich aus dem Schilf geholt, oder?»

Ich lachte. «Stimmt genau. Der Name kommt wie gerufen.»

Als ich etwa zwei Wochen später wieder bei den Butlers zu tun hatte, hielt ich überall nach Moses Ausschau. Die Bauern halten ihre Katzen selten im Haus, und falls das schwarze Kätzchen durchgekommen war, mußte es sich wohl zur Katzenkolonie gesellt haben, die über den ganzen Hof verteilt war.

Für Katzen kann es nichts Schöneres geben als einen Bauernhof. Dort werden sie vielleicht nicht gehätschelt und getätschelt, aber ich hatte immer den Eindruck, daß sie ein freies, natürliches Leben führen. Eigentlich sollen sie Mäuse fangen, aber selbst wenn sie dazu keine Lust verspüren, steht ihnen reichlich Futter zur Verfügung: Hie und dort findet sich immer eine Schale Milch, und die Hundenäpfe können leicht geplündert werden, wenn sie schmackhafte Reste enthalten. An diesem Tag hatte ich im Hof bereits unzählige Katzen gesehen, einige rannten aufgescheucht weg, andere schnurrten mir freundlich entgegen. Eine getigerte Katze sprang anmutig über die Pflastersteine, und am warmen Ende des Kuhstalls hatte sich eine große Schildpattkatze auf einem Strohlager zusammengerollt; Katzen haben einen ausgeprägten Sinn für Komfort.

Als Mr. Butler mich allein ließ, um heißes Wasser zu holen, schaute ich rasch im Ochsenstall nach, wo mir ein weißer Kater friedlich durch die Stangen einer Futterraufe entgegenblickte, in der er sein Mittagsschläfchen hielt. Doch von Moses keine Spur.

Ich trocknete mir die Arme ab und wollte gerade auf das Kätzchen zu sprechen kommen, als Mr. Butler mir meine Jacke reichte.

«Kommen Sie mal mit, wenn Sie noch 'ne Minute übrig haben», sagte er, «ich muß Ihnen was zeigen.»

Ich folgte ihm durch die Tür am anderen Ende und durch einen Gang zum langgestreckten Schweinestall mit dem niedrigen Dach.

Etwa in der Mitte blieb er bei einem Pferch stehen und

deutete hinein. «Schauen Sie sich das mal an», forderte er mich auf.

Ich beugte mich über die Mauer, und dann muß ich wohl einen sehr verdutzten Eindruck gemacht haben, weil der Bauer in lautes Gelächter ausbrach.

«Na, da staunen Sie aber, was?»

Ungläubig starrte ich auf eine große Sau hinunter, die behaglich auf der Seite lag und einen Wurf von etwa zwölf Ferkelchen säugte, eine lange rosarote Reihe, in deren Mitte deutlich ein Außenseiter mit schwarzem Fell auszumachen war: Moses!

Er hatte eine Zitze im Maul und sog die Nahrung so gierig und genußvoll ein wie die Gefährten mit der glatten Haut, die ihn zu beiden Seiten einrahmten. «Was zum Teufel …?» japste ich.

Mr. Butlers Gelächter hielt an. «Dachte ich's mir doch, daß Sie so was noch nie erlebt haben, ich auch nicht, ist mir nie untergekommen.»

«Aber, wie ist das passiert?» Ich konnte mich nicht von diesem Anblick lösen.

«Meine Frau kam auf die Idee», erwiderte er. «Als sie den Kleinen soweit hatte, daß er allein säuft, ist sie mit ihm raus und hat sich in den Gebäuden nach einem warmen Plätzchen für ihn umgesehen. Sie hat diesen Pferch ausgesucht, weil die Sau, Bertha, gerade geworfen hatte. Deswegen habe ich eine Heizung eingebaut, und hier ist es so richtig gemütlich.»

Ich nickte. «Klingt gut.»

«Na ja, und so hat sie Moses mit einer Schale Milch hiergelassen», fuhr der Bauer fort, «aber das kleine Schlitzohr ist nicht lange bei der Heizung geblieben – als ich das nächste Mal reinschaute, hatte er die Milchbar schon besucht.»

Ich zuckte die Achseln. «Es heißt ja, in diesem Beruf würde man jeden Tag etwas Neues zu sehen bekommen, aber von so einem Fall habe ich bisher nicht einmal gehört. Wie auch immer, es scheint ihm gut zu bekommen – ernährt er sich wirklich nur von der Saumilch, oder säuft er noch aus der Schale?»

«Wahrscheinlich beides, nehme ich an. Schwer zu sagen.»

Welche Mischung Moses auch immer zu sich nahm, er wuchs schnell zu einem wohlgenährten, schönen Tier heran, dessen Fell einen ungewöhnlichen Glanz aufwies. Vielleicht verdankte er diesen Glanz dem schweinischen Anteil seiner Kost, vielleicht auch nicht. Wenn ich die Butlers besuchte, schaute ich jedesmal im Schweinestall vorbei. Bertha, Moses' Amme, schien keinen Anstoß an dem behaarten Eindringling zu nehmen und tollte zufrieden grunzend mit ihm herum, genau wie sie es mit ihrer restlichen Brut tat.

Seinerseits schien Moses die Gesellschaft von Schweinen höchst anregend zu finden. Wenn die Ferkel sich zum Schlafen aneinanderschmiegten, fand sich Moses ganz selbstverständlich in ihrer Mitte ein, und als seine jungen Freunde im Alter von acht Wochen entwöhnt wurden, bekundete er Bertha seine Zuneigung, indem er ihr die meiste Zeit über Gesellschaft leistete.

Und so blieb es viele Jahre lang. Oft sah man ihn im Pferch, wie er sich glücklich an der tröstlichen Leibesfülle der Sau rieb, doch am häufigsten lag er an seinem Lieblingsplatz auf der Mauer und blickte nachdenklich auf sein allererstes warmes Zuhause.

Wie viele Leben hat die Katze?

WENN UNSERE KATZEN- UND HUNDEPATIENTEN starben, brachten ihre Besitzer sie manchmal zu uns, damit wir sie beseitigten. Das war jedesmal ein trauriger Anlaß, und ich hatte schon eine düstere Vorahnung, als ich das Gesicht des alten Dick Fawcett sah.

Er stellte eine improvisierte Katzenbox auf den Operationstisch und sah mich unglücklich an.

«Es ist Frisk», sagte er. Seine Lippen zitterten, als brächte er kein weiteres Wort heraus.

Ich stellte keine Fragen, sondern begann die Stricke um den Pappkarton aufzuknüpfen. Dick konnte sich keine richtige Katzenbox leisten, und er hatte diese hier, eine selbstgemachte Angelegenheit mit Löchern an den Seiten, schon früher benutzt.

Ich löste den letzten Knoten und schaute hinein auf den reglosen Körper. Frisk. Das schwarz glänzende, verspielte kleine

Tier, das ich so gut kannte, das immer schnurrte und Dicks zutraulicher Gefährte und Freund war.

«Wann ist er gestorben, Dick?» fragte ich.

Er fuhr sich mit der Hand über das verhärmte Gesicht und durch die störrischen grauen Haare. «Ich hab ihn heut morgen ausgestreckt neben meinem Bett gefunden. Aber ... ich weiß gar nicht genau, ob er schon tot ist, Mr. Herriot.»

Ich schaute noch einmal in die Box. Ein Anzeichen dafür, daß das Tier atmete, sah ich nicht. Ich hob die schlaffe Gestalt auf den Tisch und berührte die Hornhaut des Auges, das nichts wahrnahm. Kein Reflex. Ich griff nach meinem Stethoskop und hielt es ihm an die Brust.

«Das Herz schlägt, Dick, aber nur noch sehr schwach.»

«Könnte jederzeit aufhören, meinen Sie?»

Ich zögerte. «Es klingt jedenfalls so, fürchte ich.»

Während ich sprach, hob sich der Brustkorb des kleinen Katers ein wenig und senkte sich dann wieder.

«Er atmet noch», sagte ich. «Aber nur gerade so.» Ich untersuchte ihn gründlich und fand nichts Ungewöhnliches. Die Bindehaut der Augen hatte eine gesunde Farbe. Da war nichts anormal.

Ich fuhr mit der Hand über den geschmeidigen kleinen Körper. «Es ist mir ein Rätsel, Dick. Er ist doch immer so lebendig gewesen – hat seinem Namen alle Ehre gemacht, und da liegt er nun und rührt sich nicht, und ich kann keinen Grund dafür entdecken.»

«Könnte er einen Schlaganfall gehabt haben oder so was?»

«Gut möglich, aber trotzdem würde ich in dem Fall nicht erwarten, daß er völlig bewußtlos ist. Ich frage mich, ob er vielleicht einen Schlag auf den Kopf bekommen hat?»

«Das glaube ich nicht. Er war putzmunter, als ich ins Bett gegangen bin, und er ist nachts nie rausgegangen.» Der alte Mann zuckte die Achseln. «Jedenfalls sieht es wohl ziemlich schlecht für ihn aus, oder?»

«Ich fürchte, ja, Dick. Er lebt kaum noch. Aber ich gebe ihm eine Aufbauspritze, und danach müssen Sie mit ihm nach Hause gehen und ihn warm halten. Und wenn er morgen früh noch da ist, bringen Sie ihn wieder her, und ich schaue, wie er sich macht.»

Ich wollte einen optimistischen Ton anschlagen, doch ich war mir ziemlich sicher, daß ich Frisk nie wiedersehen würde, und ich wußte, der alte Mann spürte das ebenfalls.

Ihm zitterten die Hände, als er die Box zuschnürte, und er sprach kein Wort, bis wir an der Tür waren. Dort drehte er sich kurz zu mir um und nickte: «Danke, Mr. Herriot.»

Ich sah ihm nach, als er mit schlurfenden Schritten die Straße entlangging. Er kehrte mit seinem sterbenden Freund in ein leeres kleines Haus zurück. Seine Frau hatte er vor vielen Jahren verloren – ich hatte nie eine Mrs. Fawcett kennengelernt –, und er lebte allein von einer Altersrente. Es war ein sehr bescheidenes Leben. Er war ein stiller, freundlicher Mann, der nicht oft ausging und kaum Freunde zu haben schien, aber er hatte Frisk. Der kleine Kater war ihm vor sechs Jahren zugelaufen und hatte sein Leben verwandelt, hatte durch seine Anwesenheit Leben und Freude in das stille Haus und mit seinen Tricks und seiner Verspieltheit den alten Mann zum Lachen gebracht, war ihm überallhin nachgelaufen, hatte sich an seinen Beinen gerieben. Seitdem war Dick nicht mehr einsam, und ich hatte beobachtet, wie im Lauf der Jahre das warme, freundschaftliche Band zwischen ihnen immer stärker geworden war. Im Grunde war es sogar noch etwas mehr – der alte Mann schien von Frisk abhängig zu sein. Und nun das.

Ja, dachte ich, als ich durch den Flur zurückging, solche Dinge kommen in der tierärztlichen Praxis eben vor. Haustiere lebten einfach nicht lange genug. Doch in diesem Falle war mir nur so unbehaglich zumute, weil ich keine Ahnung hatte, was meinem Patienten fehlte. Ich tappte total im dunkeln.

Am folgenden Morgen sah ich zu meiner Überraschung Dick Fawcett im Wartezimmer sitzen, den Pappkarton auf den Knien.

Ich starrte ihn an. «Was ist passiert?»

Er antwortete nicht, und sein Gesichtsausdruck war unergründlich, während wir ins Behandlungszimmer gingen und er die Knoten aufknüpfte. Als er die Box öffnete, machte ich mich auf das Schlimmste gefaßt, doch zu meiner Verblüffung sprang die kleine Katze auf den Tisch, rieb ihr Gesicht an meiner Hand und schnurrte wie ein Motorrad.

Der alte Mann lachte, sein dünnes Gesicht war wie verwandelt. «Na, was sagen Sie dazu?»

«Ich weiß nicht, was ich dazu sagen soll, Dick!» Ich untersuchte das kleine Tier gründlich. Es war vollkommen in Ordnung. «Ich weiß nur, daß es mich riesig freut. Es ist wie ein Wunder.»

«Nein, nein», sagte er. «Es war die Spritze, die Sie ihm ge-

geben haben. Sie hat das Wunder bewirkt. Ich bin Ihnen sehr dankbar.»

Das war zwar sehr nett von ihm, aber so einfach lagen die Dinge nicht. Irgend etwas war hier noch, das ich nicht verstand, aber egal, Gott sei Dank war die Sache gut ausgegangen.

Der Vorfall war bereits zu einer angenehmen Erinnerung verblaßt, als Dick Fawcett drei Tage später wieder mit seiner Box in der Praxis erschien. Darin lag Frisk, reglos, ohnmächtig wie zuvor. Völlig fassungslos wiederholte ich die Injektion, und am folgenden Tag war die Katze normal. Von da ab befand ich mich in einer Lage, die jeder Tierarzt nur zu gut kennt – ich stand vor einem rätselhaften Fall und wartete mit einer Ahnung drohenden Unheils darauf, daß etwas Tragisches geschehen würde.

Fast eine ganze Woche lang tat sich nichts, und dann rief Mrs. Duggan, Dicks Nachbarin, mich an.

«Ich rufe im Auftrag von Mr. Fawcett an. Seine Katze ist krank.»

«Was fehlt ihr denn?»

«Ach, sie liegt ausgestreckt da, als wenn sie bewußtlos wäre.»

Ich unterdrückte einen Aufschrei. «Wann ist das passiert?»

«Hat sie grad heute früh so gefunden. Und Mr. Fawcett kann sie nicht zu Ihnen bringen – er ist selber schlecht dran. Er liegt im Bett.»

«Tut mir leid, das zu hören. Ich komme gleich vorbei.»

Und es war ganz genauso wie zuvor. Ein nahezu lebloses kleines Wesen lag auf dem Bauch auf Dicks Bett. Dick selber sah schrecklich aus – gräßlich weiß und magerer denn je –, doch er rang sich trotzdem ein Lächeln ab.

«Sieht so aus, als würde er wieder eine von ihren Zauberinjektionen brauchen, Mr. Herriot.»

Als ich die Spritze aufzog, schoß mir der Gedanke durch den Kopf, daß hier tatsächlich irgendein Zauber am Werk war, bloß war das nicht meine Injektion.

«Ich komme morgen wieder vorbei, Dick», sagte ich. «Und ich hoffe, Ihnen selbst geht es dann auch besser.»

«Ach, ich komm schon zurecht, solange es nur dem kleinen Burschen bessergeht.» Der alte Mann streckte die Hand aus und streichelte das glänzende Fell des Katers. Der Arm war spindeldürr, und die Augen in dem bis zum Schädel abgemagerten Gesicht spiegelten äußerste Besorgnis.

Ich schaute mich in dem trostlosen kleinen Zimmer um und hoffte auf ein weiteres Wunder.

Ich war im Grunde nicht überrascht, als ich am nächsten Vormittag wiederkam und sah, daß Frisk auf dem Bett herumsprang

und mit der Pfote nach einem Stück Schnur haschte, das der alte Mann ihm hinhielt. Ich war sehr erleichtert, hatte aber das immer beklemmendere Gefühl, das Dunkel meiner Unwissenheit habe sich kein bißchen gelichtet. Was zum Teufel ging hier vor? Das Ganze ergab einfach keinen Sinn. Eine Krankheit mit Symptomen wie diesen war nicht bekannt. Ich war der festen Überzeugung, daß es mir auch nicht helfen würde, wenn ich eine ganze Bücherei mit Lehrbüchern zur Tierheilkunde durchläse.

Aber egal, der Anblick der kleinen Katze, die einen Buckel machte und mir schnurrend um die Hand strich, war Lohn genug, und Dick bedeutete es alles. Er war gelöst und lächelte.

«Sie bringen ihn immer wieder auf die Beine, Mr. Herriot. Ich kann Ihnen gar nicht genug danken.» Dann flackerte die Besorgnis wieder in seinen Augen auf. «Aber wird er auch in Zukunft durchkommen? Ich fürchte, irgendwann mal wacht er nicht wieder auf.»

Ja, das war die Frage. Ich befürchtete das ebenfalls, doch ich mußte mich bemühen, unbekümmert zu erscheinen. «Vielleicht ist es nur eine vorübergehende Phase, Dick. Ich hoffe, wir haben die Sorgen jetzt ausgestanden.» Doch versprechen konnte ich nichts, und das wußte der zerbrechliche alte Mann im Bett auch.

Mrs. Duggan begleitete mich hinaus, als ich vor der Eingangstür die Bezirkskrankenschwester aus ihrem Auto steigen sah.

«Hallo, Schwester», sagte ich. «Sie kommen sicher, um nach Mr. Fawcett zu sehen? Tut mir leid, daß er krank ist.»

Sie nickte. «Ja, armer alter Bursche. Es ist ein solcher Jammer.»

«Was meinen Sie damit? Ist es etwas Ernstes?»

«Ich fürchte, ja.» Sie preßte den Mund zusammen und wandte den Blick von mir ab. «Er stirbt. Er hat Krebs. Und es wird sehr schnell schlimmer.»

«Mein Gott! Der arme Dick. Noch vor ein paar Tagen hat er seine Katze in meine Praxis gebracht. Er hat kein Wort darüber verloren. Weiß er es?»

«O ja, gewiß, aber das ist ganz typisch für ihn, Mr. Herriot. Er war schon immer ein Dickkopf. Eigentlich hätte er gar nicht rausgehen dürfen.»

«Muß er … muß er … sehr leiden?»

Sie zuckte die Achseln. «Er hat schon Schmerzen, aber wir versuchen, sie ihm mit Medikamenten so erträglich wie möglich zu machen. Wenn nötig, gebe ich ihm eine Spritze, und er hat Sachen zu Hause, die er selber einnehmen kann, wenn ich nicht da bin. Er ist sehr zittrig und kann sich die Medizin nicht auf einen Löffel gießen. Mrs. Duggan würde es ja für ihn tun, aber er will so unabhängig sein wie möglich.» Sie lächelte. «Er gießt die Tropfen auf eine Untertasse und nimmt sie dann mit einem Löffel ein.»

«Von einer Untertasse …?» Irgendwo in dem Dunkel erglomm ein kleines Licht. «Was sind das für Tropfen?»

«Ach, Heroin und Pethidin. Die Mischung, die Dr. Allison in solchen Fällen immer verschreibt.»

Ich packte sie am Arm. «Ich gehe noch mal mit Ihnen rein, Schwester.»

Der alte Mann war überrascht, als ich wieder auftauchte. «Was ist los, Mr. Herriot? Haben Sie was liegengelassen?»

«Nein, Dick. Ich möchte Sie etwas fragen. Hat Ihre Medizin einen angenehmen Geschmack?»

«Ja, schmeckt ganz ordentlich, süß. Ist gar nicht schlimm, die zu nehmen.»

«Und Sie träufeln sie auf eine Untertasse?»

«Ja, stimmt. Meine Hand macht nicht mehr richtig mit.»

«Und wenn Sie sie abends als letztes genommen haben, bleibt manchmal noch ein bißchen auf der Untertasse?»

«Ja, warum?»

«Weil Sie die Untertasse doch neben dem Bett stehenlassen, stimmt's, und Frisk schläft auf Ihrem Bett ...»

Der alte Mann lag ganz still da und sah mich an. «Sie meinen, der kleine Kerl leckt sie auf?»

«Darauf würde ich meine Stiefel verwetten.»

Dick warf den Kopf in den Nacken und lachte. Ein langes, fröhliches Lachen. «Und das schläfert ihn ein. Kein Wunder. Ich werd selber ziemlich dösig davon.»

Ich lachte ebenfalls. «Jedenfalls wissen wir jetzt Bescheid, Dick. Sie stellen die Untertasse von nun an in den Schrank, wenn Sie Ihre Medizin genommen haben, nicht wahr?»

«Ja, mach ich, Mr. Herriot. Und Frisk wird nie wieder so in Ohnmacht fallen?»

«Nein, nie mehr.»

«He, das ist ja großartig!» Er setzte sich im Bett auf, hob die kleine Katze hoch und hielt sie sich ans Gesicht. Er stieß einen Seufzer reinen Glücks aus und lächelte mich an.

«Mr. Herriot», sagte er, «nun brauche ich mir um nichts mehr Sorgen zu machen.»

Als ich mich draußen auf der Straße zum zweiten Mal von Mrs. Duggan verabschiedete, warf ich einen Blick zurück auf das kleine Häuschen. «Um nichts mehr Sorgen machen, was? Das ist ja wunderbar, ausgerechnet er.»

«O ja, und er meint es auch so. Um sich selber macht er sich keine Gedanken.»

Zwei Wochen lang sah ich Dick nicht wieder. Dann besuchte ich einen Freund im kleinen Landkrankenhaus von Darrowby, und dort erblickte ich den alten Mann in einem Bett in der Ecke der Krankenstation. Ich ging hinüber und setzte mich zu ihm. Sein Gesicht war völlig ausgemergelt, aber heiter und klar.

«Hallo, Dick», sagte ich.

Er sah mich schläfrig an und flüsterte: «Tag, Mr. Herriot.» Er schloß für ein paar Sekunden die Augen, dann schaute er mit einem zaghaften Lächeln wieder hoch. «Ich bin froh, daß wir nun wissen, was dem kleinen Kater gefehlt hat.»

«Das freut mich auch, Dick.»

Wieder eine Pause. «Mrs. Duggan hat ihn jetzt.»

«Ja. Ich weiß. Er hat dort ein gutes Zuhause.»

«Ja ... ja ...» Die Stimme wurde schwächer. «Aber ich wünsch mir oft, ich hätte ihn hier.» Die knochige Hand strich über die Tagesdecke, und seine Lippen bewegten sich wieder. Ich beugte mich weiter hinunter, um zu hören, was er sagte.

«Frisk ...», sagte er, «Frisk ...» Dann schloß er die Augen, und ich sah, daß er schlief.

Am nächsten Tag erfuhr ich, daß Dick Fawcett gestorben war, und es ist gut möglich, daß ich der letzte war, der ihn sprechen hörte. Und es war seltsam, paßte aber zu ihm, daß diese letzten Worte seiner Katze galten.

«Frisk ... Frisk ...»

Der Beginn einer wunderbaren Freundschaft

ES VERGINGEN MONATE, ohne daß in der Beziehung zwischen mir und den Katzen Tauwetter eingesetzt hätte, und ich sah mit zunehmender Beklommenheit, wie Ollys langes Fell zu seiner früheren unansehnlichen Form zurückfand. Die vertrauten Knoten und Knäuel tauchten wieder auf, und binnen eines Jahres war es so schlimm wie eh und je. Mit jedem Tag wurde es offensichtlicher, daß ich etwas unternehmen mußte. Aber würde ich ihn noch einmal überlisten können? Ich mußte es versuchen.

Ich traf die gleichen Vorkehrungen wie damals, und Helen stellte das mit Nembutal versetzte Futter auf die Mauer, doch diesmal schnupperte Olly, leckte daran und ging weg. Bei seiner nächsten Mahlzeit probierten wir es wieder, doch er untersuchte sie mit größtem Mißtrauen und ließ sie erneut stehen.

Während ich mich an meinem üblichen Ausguck am Fenster herumdrückte, wandte ich mich meiner Frau zu. «Helen, ich muß versuchen, ihn so einzufangen.»

«Einfangen? Mit deinem Netz, meinst du?»

«Nein. Das ging, als er noch klein war. Jetzt würde ich nicht einmal mehr in seine Nähe kommen.»

«Wie dann?»

Ich schaute zu dem verlotterten schwarzen Wesen auf der Mauer hinaus. «Na ja, vielleicht kann ich mich hinter dir verstecken, wenn du ihn fütterst, und ihn packen und in den Käfig stopfen. Dann könnte ich ihn in die Praxis mitnehmen, ihm eine Vollnarkose verpassen und ihn richtig bearbeiten.»

«Ihn packen? Und ihn dann in den Käfig sperren?» sagte Helen ungläubig. «Das halte ich für undurchführbar.»

«Ja, ich weiß, aber ich habe in meinem Leben schon einige Katzen eingefangen, und ich reagiere schnell. Wenn ich mich nur gut verstecken kann. Morgen versuchen wir es.»

Meine Frau schaute mich aus großen Augen an. Ich sah, daß sie wenig Zutrauen zu dieser Idee hatte.

Am folgenden Morgen stellte sie köstlichen, frisch zerteilten rohen Schellfisch auf die Mauer. Das war die Lieblingsmahlzeit der Katzen. Gekochten Fisch mochten sie nicht sonderlich, doch dieser hier war unwiderstehlich. Der offene Käfig lag außer Sichtweite. Die Katzen kamen auf der Mauer entlangstolziert, Ginny glatt und glänzend, Olly mit dem zerzausten Fell und den häßlichen Fransen, die ihm von Hals und Körper herunterhingen: ein trauriger Anblick. Helen scharwenzelte wie üblich um die beiden herum und zog sich dann, als sie sich glücklich über das Futter beugten, in die Küche zurück, in der ich schon auf der Lauer lag.

«Jetzt probieren wir's», sagte ich. «Ich möchte, daß du ganz langsam wieder hinausgehst, und ich werde mich hinter dir verstecken. Wenn du dich Olly näherst, konzentriert er sich vielleicht auf seinen Fisch und bemerkt mich nicht.»

Helen gab keine Antwort, als ich mich an ihren Rücken preßte und vom Kopf bis zur Zehenspitze mit ihr Körperkontakt hatte.

«Also, los geht's.» Ich stupste mit meinem linken Bein das ihre an, und wir schlichen wie ein einziger Mensch zur Tür hinaus.

«Das ist doch lächerlich», jammerte Helen. «Wie in einer Schmierenkomödie.»

Ich schmiegte mich hinten an ihren Hals und zischte ihr ins Ohr: «Still, geh einfach nur weiter.»

Als wir an der Mauer angelangt waren, streckte Helen die Hand aus und streichelte Ollys Kopf, doch er war so beschäftigt mit dem Schellfisch, daß er gar nicht hochsah. Da war er, in Brusthöhe, kaum einen Meter von mir entfernt. Meine Chancen hatten nie besser gestanden. Blitzartig fuhr ich mit der Hand hinter Helen hervor, packte ihn am Genick, hielt ihn – ein Trommelfeuer von um sich schlagenden schwarzen Beinen – ein paar Sekunden lang fest und stieß ihn dann in den Käfig. Als ich den Deckel zuwarf, schaute an einem Ende eine verzweifelte schwarze Pfote heraus, doch ich drückte sie hinein und schob den Eisenriegel vor. Nun gab es kein Entrinnen.

Ich stellte den Käfig auf die Mauer, so daß Olly und ich uns auf Augenhöhe gegenüberstanden, und zuckte zurück, als mich sein anklagender Blick durch die Stäbe traf. «O nein, nicht schon wieder! Ich kann's nicht glauben!» schien er zu sagen. «Finden deine Gemeinheiten denn nie ein Ende?»

In Wirklichkeit war mir ziemlich elend zumute. Die arme, von meinem Überfall zu Tode erschreckte Katze hatte nicht einmal versucht zu kratzen oder zu beißen. Ich konnte es ihr nicht verübeln, wenn sie eine schlechte Meinung von mir hatte.

Trotzdem, so sagte ich mir, würde sie am Ende als gepflegtes hübsches Tier freikommen. «Du wirst dich nicht wiedererkennen, alter Junge», sagte ich zu Olly, als wir zur Praxis fuhren. «Diesmal werde ich dich richtig schön herausputzen. Du wirst einfach toll aussehen.»

Siegfried hatte mir seine Hilfe angeboten, und als wir den zitternden Olly erst einmal auf dem Tisch hatten, ließ er die intravenöse Narkoseinjektion widerstandslos über sich ergehen. Während er friedlich schlafend dalag, machte ich mich mit grimmigem Vergnügen über das gräßlich verfilzte Fell her, schnippelte und trimmte, bearbeitete ihn danach mit der elektrischen Haarschneidemaschine und striegelte ihn schließlich so lange, bis auch der letzte winzige Knoten ausgekämmt war. Beim letzten Mal hatte ich ihn nur behelfsmäßig frisiert, doch nun bekam er das komplette Programm.

Siegfried lachte, als ich ihn hochhielt, nachdem ich fertig war. «Sieht aus, als könnte er jetzt auf jeder Katzenshow gewinnen.»

Am nächsten Morgen, als die Katzen auf der Mauer zum Frühstück kamen, dachte ich an seine Worte. Ginny war immer schön, doch jetzt konnte sie kaum mit ihrem Bruder konkurrieren, der mit glattem, schimmerndem, in der Sonne glänzendem Fell anstolziert kam.

Helen war entzückt über sein Aussehen und strich ihm immer wieder bewundernd über den Rücken. Ich hatte natürlich meine übliche Position eingenommen und spähte verstohlen aus dem Fenster. Es sollte noch eine lange Zeit vergehen, bis ich es wagte, Olly überhaupt unter die Augen zu treten.

Schon bald wurde mir klar, daß mein Ansehen einen neuen Tiefstand erreicht hatte, denn ich brauchte nur aus der Hintertür zu treten, damit er davonflitzte. Die Situation wurde so schlimm, daß ich mir ernsthaft den Kopf darüber zu zerbrechen begann.

«Helen», sagte ich eines Morgens. «Diese Sache mit Olly zerrt an meinen Nerven. Ich wünschte, ich könnte etwas daran ändern.»

«Es gibt einen Weg, Jim», sagte sie. «Du mußt ihn endlich kennenlernen. Und er dich.»

Ich warf ihr einen finsteren Blick zu. «Ich fürchte, wenn du ihn fragst, wird er dir antworten, daß er mich nur allzugut kennt.»

«Ja, ich weiß, aber wenn du es dir einmal genau überlegst, haben dich diese Katzen in all den Jahren, die wir sie jetzt schon haben, kaum zu sehen gekriegt. Nur immer in Notfällen. Ich bin diejenige, die sie gefüttert, mit ihnen geredet, sie tagein, tagaus gestreichelt hat. Mich kennen sie, und mir vertrauen sie auch.»

«Das stimmt schon, aber ich hatte doch einfach keine Zeit.»

«Natürlich hattest du keine Zeit. Dein Leben ist eine einzige Hetzerei. Kaum bist du mal zu Hause, bist du auch schon wieder unterwegs.»

Ich nickte nachdenklich. Sie hatte ja so recht. Im Lauf der Jahre hatte ich diese Katzen zwar ins Herz geschlossen und mich jedesmal gefreut, wenn ich sah, wie sie den Abhang herunter zu ihren Freßnäpfen getrottet kamen, im hohen Gras auf dem Feld spielten und von Helen mit Zärtlichkeiten verwöhnt wurden, doch verglichen mit ihr war ich für sie ein Fremder. Es gab mir einen Stich, als ich mir vergegenwärtigte, daß diese lange Zeit so schnell verflogen war.

«Vielleicht ist es ja noch nicht zu spät. Ob ich noch irgend etwas daran ändern kann?»

«Ja», sagte sie. «Du muß anfangen, sie zu füttern. Du mußt dir einfach die Zeit dafür nehmen. Oh, ich weiß, das geht nicht immer, aber wenn du es irgendwie einrichten kannst, mußt du ihnen das Futter hinausbringen.»

«Du glaubst also, es handelt sich nur um ein Bratkartoffel-Verhältnis?»

«Absolut nicht. Du hast mich doch bestimmt oft genug mit ihnen zusammen gesehen. Sie würdigen ihr Futter keines Blickes, wenn ich mich nicht vorher lange mit ihnen abgegeben habe. Die Zuwendung und die Freundschaft, das bedeutet ihnen am meisten.»

«Aber dann besteht für mich keine Hoffnung. Sie können es doch nicht einmal ertragen, mich zu sehen.»

«Du mußt einfach hartnäckiger sein. Ich habe auch lange gebraucht, bis ich ihr Vertrauen gewonnen hatte. Besonders das von Ginny. Sie ist immer die schüchternere von den beiden gewesen. Sie läuft sogar jetzt noch weg, wenn ich die Hand zu schnell bewege. Trotz allem, was geschehen ist, glaube ich, daß du bei Olly die besseren Chancen hast – in dieser Katze steckt viel Freundlichkeit.»

«Also gut», sagte ich. «Gib mir das Futter und die Milch. Ich fange gleich an.»

Dies war der Beginn einer der schönen kleinen Geschichten in meinem Leben. Bei jeder sich bietenden Gelegenheit war ich derjenige, der sie zu uns rief, ihnen das Futter auf die Mauerkante stellte und dort wartete. Anfangs wartete ich vergeblich. Ich sah die beiden vom Holzschuppen her zu mir herüberstarren, und noch lange Zeit wagten sie sich erst herunter, wenn ich den Rückzug ins Haus angetreten hatte. Aufgrund meines un-

regelmäßigen Lebens war es schwierig, den neuen Tagesablauf einzuhalten, und manchmal, wenn ich früh am Morgen zu einer Visite gerufen wurde, bekamen sie ihr Frühstück nicht rechtzeitig, aber es geschah an einem dieser Tage, als das Frühstück mit mehr als einer Stunde Verspätung serviert wurde, daß ihr Hunger den Sieg über ihre Furcht davontrug und sie vorsichtig herunterkamen, während ich mucksmäuschenstill an der Mauer stehenblieb. Sie fraßen rasch und schauten nervös immer wieder zu mir her, dann sausten sie davon. Ich lächelte zufrieden.

Das war der erste Durchbruch.

Danach folgte eine lange Phase, in der ich einfach nur danebenstand, während sie fraßen, und sie gewöhnten sich langsam an mich. Dann streckte ich vorsichtig die Hand aus. Davor schraken sie zurück, doch während die Tage verstrichen, merkte ich, daß meine Hand ihnen immer weniger bedrohlich erschien, und meine Hoffnung wuchs. Wie Helen prophezeit hatte, war Ginny diejenige, die bei der kleinsten Bewegung vor mir zurückwich, wohingegen Olly, nachdem er sich ein wenig zurückgezogen hatte, mich prüfend anschaute, als sei er unter gewissen Umständen gewillt, das Vergangene zu vergessen und seine Meinung von mir noch einmal zu überdenken. Mit unendlicher Geduld gelang es mir, mit der Hand näher an ihn heranzukommen, Tag für Tag ein bißchen mehr, und es war ein denkwürdiges Ereignis, als er eines Morgens still stehenblieb und mir gestattete, mit dem Zeigefinger seine Wange zu berühren. Als ich sanft über das Fell fuhr, betrachtete er mich mit einem unzweifelhaft freundlichen Blick, bevor er davonsprang.

«Helen!» sagte ich und schaute zum Küchenfenster hinein. «Ich habe es geschafft! Endlich werden wir Freunde. Es ist jetzt nur noch eine Frage der Zeit, bis ich ihn so streicheln kann wie du.» Ich war von einer irrationalen Freude und Befriedigung erfüllt. Das war vielleicht ein törichtes Gefühl bei einem Mann, der tagtäglich mit allem möglichen Viehzeug zu tun hatte, doch ich freute mich auf die Jahre der Freundschaft mit dieser ganz besonderen Katze.

Ich sollte mich irren. In diesem Augenblick konnte ich nicht wissen, daß Olly nur achtundvierzig Stunden später tot sein würde.

Am nächsten Morgen rief Helen aus dem Garten hinter dem Haus nach mir. Sie klang völlig verzweifelt. «Jim, komm schnell. Es ist was mit Olly.»

Ich rannte hinaus zu der Stelle, wo sie stand, nicht weit vom oberen Ende des Abhangs und dem Holzschuppen entfernt. Ginny war dort, aber alles, was ich von Olly sehen konnte, war ein dunkler Fleck auf dem Gras.

Helen klammerte sich an meinen Arm, als ich mich über ihn beugte. «Was ist ihm denn passiert?»

Er bewegte sich nicht. Die Beine waren steif, der Rücken in einem furchterregenden Opisthotonus gekrümmt, die Augen starr geradeaus gerichtet.

«Ich … ich fürchte, er ist schon hinüber. Sieht nach einer Strychninvergiftung aus.» Doch noch während ich sprach, bewegte er sich ein wenig.

«Warte einen Augenblick!» sagte ich. «Er lebt noch.» Ich sah, daß der Rigor etwas nachgelassen hatte, und ich konnte ihm die Beine biegen und ihn hochheben, ohne daß er sich wehrte. «Das ist kein Strychnin. Es sieht zwar ähnlich aus, ist es aber nicht. Das ist irgend etwas im Gehirn, vielleicht ein Schlaganfall.»

Mit ausgetrocknetem Mund trug ich ihn ins Haus hinunter, wo er still dalag und fast unmerklich atmete.

Helen sagte unter Tränen: «Was kannst du unternehmen?»

«Ihn in die Praxis bringen. Wir werden tun, was wir können.» Ich küßte sie auf die nasse Wange und rannte zum Auto.

Siegfried und ich sedierten ihn, weil er angefangen hatte, mit den Beinen zu rudern, dann injizierten wir ihm Steroide und Antibiotika und gaben ihm eine intravenöse Infusion. Ich schaute ihn an, als er in dem großen Krankenkäfig lag und matt mit den Pfoten zuckte. «Mehr können wir nicht tun, oder?»

Siegfried schüttelte den Kopf und zuckte die Achseln. Er war, was die Diagnose anging, der gleichen Meinung wie ich:

Schlaganfall, Gehirnschlag, zerebrale Blutung – man konnte es nennen, wie man wollte, es war jedenfalls das Gehirn. Ich sah, daß er die gleiche Hoffnungslosigkeit empfand wie ich.

Wir kümmerten uns den ganzen Tag lang um ihn, und am Nachmittag dachte ich kurzzeitig, er würde sich erholen, doch am Abend hatte er wieder das Bewußtsein verloren, und in der Nacht starb er.

Ich brachte ihn nach Hause, und als ich ihn aus dem Auto hob, schien sein glattes, knotenfreies Fell der glatte Hohn zu sein. Ich begrub ihn hinter dem Holzschuppen, nur wenige Schritte von dem Strohbett entfernt, in dem er all die Jahre über geschlafen hatte.

Tierärzte unterscheiden sich nicht von anderen Menschen, wenn sie einen Hausgenossen verlieren, und Helen und ich waren sehr unglücklich. Wir hofften, daß die Zeit unseren Kummer lindern würde, und wir hatten ja noch ein anderes drängendes Problem, mit dem wir uns sofort beschäftigen mußten. Was sollte aus Ginny werden?

Die beiden Katzen waren zu einem Teil unseres Lebens geworden, und wir dachten nie an die eine, ohne zugleich auch an die andere zu denken. Es verstand sich von selbst, daß für Ginny eine Welt ohne Olly unvollständig war. Mehrere Tage lang fraß sie nicht. Wir riefen häufig nach ihr, doch sie kam nur ein paar Meter aus dem Holzschuppen, schaute sich irritiert überall um und kehrte dann in ihr Bett zurück. In all diesen Jahren war sie den Abhang niemals allein heruntergelaufen, und die Bestürzung, mit der sie sich in den folgenden Wochen immer wieder umsah, nach ihrem Gefährten Ausschau hielt und ihn suchte, war eines der bedrückendsten Dinge, die wir je miterleben mußten.

Wir fütterten sie mehrere Tage lang in ihrem Bett und schafften es schließlich, sie auf die Mauer zu locken, doch sie beugte nur selten den Kopf über ihr Futter, ohne vorher in die eine und die andere Richtung gespäht zu haben. Sie wartete noch immer darauf, daß Olly käme und es mit ihr teilte.

«Sie ist so einsam», sagte Helen. «Wir müssen versuchen, noch zärtlicher zu ihr zu sein als zuvor. Ich bleibe noch ein Weilchen draußen und spreche mit ihr. Wenn wir sie doch nur zu uns hereinholen könnten. Das wäre die Lösung, aber ich weiß, das wird nie geschehen.»

Ich betrachtete das kleine Tier und fragte mich, ob ich mich je daran gewöhnen würde, nur eine Katze auf der Mauer zu sehen, aber Ginny neben dem Kamin oder auf Helens Knie sitzen zu sehen war tatsächlich ein unmöglicher Traum. «Ja, du hast recht, aber vielleicht kann ich etwas tun. Ich hatte gerade mit Olly Freundschaft geschlossen – jetzt fange ich mit Ginny noch einmal von vorn an.»

Mir war klar, daß ich mich auf ein langwieriges und vielleicht hoffnungsloses Unterfangen einließ, denn sie war ja immer die schüchternere von den beiden gewesen, doch ich verfolgte hartnäckig mein Ziel. Zu den Mahlzeiten und wann immer ich die Gelegenheit dazu hatte, ließ ich mich vor der Küchentür sehen, lockte und schmeichelte, winkte ihr mit der Hand, doch noch lange wollte sie mich, obwohl sie das Futter von mir akzeptierte, nicht in ihre Nähe lassen. Doch dann fehlte ihr vielleicht so sehr ein Gefährte, daß sie meinte, ich sei besser als gar keiner, denn es kam der Tag, an dem sie nicht zurückwich, sondern mir erlaubte, mit dem Zeigefinger ihre Wange zu berühren, wie ich es auch bei Olly getan hatte.

Danach machte ich langsame, aber kontinuierliche Fortschritte. Im Wochenrhythmus kam ich ihr näher: Erst berührte ich ihre Wange, dann streichelte ich sie, schließlich kraulte ich ihr sanft die Ohren, bis ich endlich mit der Hand über ihren ganzen Körper fahren und sie an der Schwanzwurzel kitzeln konnte. Von da an taten sich Möglichkeiten zu vertraulichem Kontakt auf, von denen ich nie zu träumen gewagt hätte. Es ging soweit, daß sie ihr Futter erst zur Kenntnis nahm, nachdem sie mehrmals auf der Mauer hin und her spaziert war, sich mit krummem Buckel entzückt an meiner Hand gerieben hatte und mit dem Körper an meiner Schulter entlanggestrichen war. Ihr Lieblingstrick aus dem Reservoir dieser täglichen Zärtlichkeiten bestand darin, ihre Nase gegen meine zu pressen und mehrere Minuten dazustehen und mir in die Augen zu schauen.

Es war eines Morgens mehrere Monate später, und Ginny und ich standen uns in dieser Pose gegenüber – sie auf der Mauer, die Nase an meine gedrückt, mir tief in die Augen blickend –, als ich hinter mir ein Geräusch hörte.

«Ich sehe bloß dem Tierarzt bei der Arbeit zu», sagte Helen leise.

«Und bei was für einer schönen Arbeit», sagte ich, ohne mich von der Stelle zu rühren, und schaute weiter tief in die grünen Augen. «Du mußt nämlich wissen, dies ist einer meiner größten Triumphe.»

Buster, der Weihnachtskater

WENN ICH AN WEIHNACHTEN DENKE, kommt mir stets eine bestimmte kleine Katze in den Sinn.

Ich sah sie zum ersten Mal bei Mrs. Ainsworth, als ich einen ihrer Hunde behandeln sollte. Zu meiner Überraschung hockte vor dem Kamin ein schwarzes kleines Fellbündel.

«Ich wußte gar nicht, daß Sie eine Katze haben», sagte ich.

Mrs. Ainsworth lächelte. «Wir haben auch keine. Das hier ist Debbie.»

«Debbie?»

«Ja, so nennen wir sie wenigstens. Sie ist ein herrenloses Tier. Kommt zwei- oder dreimal in der Woche, und wir geben ihr zu essen. Ich weiß nicht, wo sie wohnt, aber ich glaube, sie ist meistens auf einer Farm unten an der Straße.»

«Haben Sie je das Gefühl, daß sie bei Ihnen bleiben möchte?»

«Nein.» Mrs. Ainsworth schüttelte den Kopf. «Sie ist ein

schüchternes kleines Ding. Schleicht sich herein, frißt ein paar Bissen und verschwindet wieder.»

Ich blickte wieder auf die kleine Katze. «Aber heute ist sie dageblieben.»

«Ja. Es ist komisch, aber hin und wieder schlüpft sie ins Wohnzimmer und setzt sich ein paar Minuten lang vor das Kaminfeuer. Als ob sie sich ein besonderes Vergnügen leisten wollte.»

Sie war eine ungewöhnliche Katze. Sie saß ganz aufrecht auf dem dicken Teppich vor dem Kamin. Sie rollte sich nicht zusammen, putzte sich nicht, starrte nur vor sich hin. Es mußte ein besonderes Ereignis in ihrem Leben sein, eine seltene und wunderbare Begebenheit; hier genoß sie eine Behaglichkeit, die sie sicher in ihrem alltäglichen Leben nie zu erträumen vermochte. Während ich sie betrachtete, drehte sie sich um und schlüpfte lautlos aus dem Zimmer.

«So ist es immer», sagte Mrs. Ainsworth. «Debbie bleibt nie länger als zehn Minuten.»

Sie war eine plumpe Vierzigerin mit einem freundlichen Gesicht, und für einen Tierarzt war sie die ideale Kundin; wohlhabend, großzügig und die Besitzerin von drei verwöhnten Bassets. Und eines dieser von Natur aus melancholisch dreinblickenden Tiere brauchte nur ein kleines bißchen melancholischer auszusehen – schon wurde ich in aller Eile gerufen. Heute hatte ein Basset die Pfote gehoben und sich mehrere Male hinter dem Ohr gekratzt, und sogleich hatte mich seine Herrin in größter Besorgnis angerufen.

So kam ich oft zu Mrs. Ainsworth, mußte mich aber nie sehr anstrengen, und ich hatte ausgiebig Gelegenheit, mich nach dem rätselhaften Kätzchen umzusehen. Einmal sah ich es, wie es gelassen an der Küchentür Milch aus einer Untertasse schlürfte. Als sie mich sah, drehte sie sich um und eilte lautlos durch den Flur und die Wohnzimmertür.

Die drei Bassets lagen schnarchend auf dem Teppich vor dem Kamin, aber sie schienen an Debbie gewöhnt zu sein, denn zwei von ihnen schnupperten nur gelangweilt an ihr herum, während der dritte sie nur kurz aus einem schläfrigen Auge anblinzelte.

Debbie setzte sich in der gewohnten Positur zu ihnen.

Dieses Mal wollte ich mich mit ihr anfreunden. Ich trat behutsam auf sie zu, aber sie drehte sich weg, als ich die Hand nach ihr ausstreckte. Nach längerem Zureden gelang es mir, sie zu berühren, und ich strich ihr sacht mit dem Finger über die Wange. Einen Augenblick lang reagierte sie sogar, neigte den Kopf zur Seite und rieb ihren Rücken gegen meine Hand, aber bald darauf war es für sie wieder Aufbruchszeit. Sie lief aus dem Haus, sprang rasch die Straße entlang, dann durch eine offene Stelle in der Hecke, und zuletzt sah ich die kleine schwarze Gestalt über das regennasse Gras einer Wiese huschen.

«Ich möchte wissen, wo sie hinläuft», murmelte ich halb zu mir selbst.

«Das haben wir noch nicht herausfinden können», sagte Mrs. Ainsworth.

Es müssen fast drei Monate vergangen sein, bis ich wieder von Mrs. Ainsworth hörte, und ich fragte mich schon, warum die Bassets plötzlich so gesund waren, als sie mich anrief.

Es war am Morgen des ersten Weihnachtsfeiertages, und sie entschuldigte sich. «Mr. Herriot, es tut mir leid, Sie ausgerechnet heute zu stören.»

«Ach, es ist nicht weiter schlimm», sagte ich. «Welcher ist es denn dieses Mal?»

«Es ist keiner von den Hunden. Es handelt sich … um Debbie.»

«Debbie? Ist sie bei Ihnen im Haus?»

«Ja … aber etwas stimmt nicht mit ihr. Bitte kommen Sie doch schnell.»

Als ich über den Marktplatz fuhr, stellte ich wieder einmal fest, daß Darrowby am Weihnachtstag einer Illustration zu der berühmten Erzählung von Dickens glich. Der Schnee bedeckte die Pflastersteine und die Giebeldächer, die Läden waren geschlossen, und die bunten Lichter der Weihnachtsbäume glänzten aus den Fenstern.

Mrs. Ainsworth hatte das Wohnzimmer mit Lametta und Stechpalmen geschmückt. Getränke standen auf der Anrichte bereit, und der Duft von Putenbraten, Salbei und Zwiebeln drang aus der Küche durch das Haus.

Debbie war wieder da, aber dieses Mal lag sie regungslos auf der Seite, und neben ihr kuschelte sich zusammengekauert ein winziges schwarzes Kätzchen.

Ich schaute verblüfft auf sie nieder. «Was ist denn das?»

«Es ist seltsam», erwiderte Mrs. Ainsworth. «Ich habe Debbie wochenlang nicht gesehen, und dann kam sie vor etwa zwei Stunden an – schleppte sich irgendwie in die Küche – und trug das Kätzchen im Maul. Sie ging schnurstracks ins Wohnzimmer und legte es auf den Kaminteppich, und zuerst fand ich es sehr amüsant. Aber dann sah ich, daß etwas nicht in Ordnung war, denn sie hat sich hingelegt und seitdem nicht bewegt.»

Ich kniete mich auf den Teppich und fuhr Debbie mit der Hand über Hals und Rippen. Sie war magerer als je, ihr Fell war schmutzig und voller Erdklumpen, und sie wehrte sich nicht, als ich ihr behutsam das Maul öffnete. Die Zunge und die Schleimhäute waren anormal blaß, und ihre Lippen fühlten sich eiskalt an. Als ich ihr Augenlid herunterzog und die fahlweiße Bindehaut sah, hatte ich eine finstere Vorahnung.

Ich tastete den Bauch ab und wußte bereits, was ich finden würde: und da war es auch – eine harte Masse lag in den Eingeweiden. Massives Lymphosarkom. Im Endstadium und hoffnungslos. Ich setzte ihr das Stethoskop auf die Brust und lauschte dem immer schwächer werdenden raschen Pochen des Herzens. Und dann setzte ich mich auf, starrte geistesabwesend in das Feuer und fühlte die Wärme auf meinem Gesicht.

Mrs. Ainsworths Stimme schien von weit her zu kommen. «Ist sie krank, Mr. Herriot?»

Ich zögerte. «Ja ... ja, sie ist leider sehr krank. Eine bösartige Geschwulst. Ich kann nichts mehr für sie tun. Es tut mir leid.»

«Oh!» Sie legte die Hand auf den Mund und sah mich mit großen Augen an. «Sie müssen sie sofort einschläfern. Wir können sie nicht leiden lassen.»

«Mrs. Ainsworth», sagte ich, «das ist nicht mehr nötig. Sie stirbt jetzt – sie ist im Koma – sie leidet nicht mehr.»

«Ach, du armes kleines Ding!» schluchzte Mrs. Ainsworth. Sie streichelte Debbie den Kopf. «Was sie durchgemacht haben muß. Warum habe ich nicht mehr für sie getan?»

«Niemand hätte mehr tun können als Sie», sagte ich. «Niemand hätte gütiger sein können.»

«Aber wenn ich sie nur hierbehalten hätte – wo sie es bequem hatte. Es muß schrecklich für sie gewesen sein da draußen in der Kälte, als sie so krank war – ich wage gar nicht daran zu denken. Und dann hat sie noch die Kleinen gekriegt – ich … ich frage mich, wie viele sie wohl gehabt haben mag?»

Ich zuckte die Schultern. «Das werden wir wohl nie wissen. Vielleicht nur das eine hier. Das passiert manchmal. Und sie hat es Ihnen gebracht, nicht wahr?»

«Ja … das ist wahr … das hat sie … das hat sie getan.»

Mrs. Ainsworth bückte sich und nahm das Häufchen Unglück auf. Sie ließ ihren Finger über das schmutzige Fell gleiten, und das kleine Mäulchen öffnete sich zu einem nicht vernehmbaren Miau.

«Ist es nicht seltsam? Und dazu noch zu Weihnachten.»

Ich kniete und fühlte nach Debbies Herz. Es schlug nicht mehr.

«Sie ist tot», sagte ich, hob den kleinen, fast gewichtslosen Körper auf, wickelte ihn in ein Tuch und trug ihn zum Wagen.

Als ich zurückkam, streichelte Mrs. Ainsworth noch immer das Kätzchen. Ihre Tränen waren getrocknet, und sie lächelte, als sie mich ansah.

«Ich hatte noch nie eine Katze», sagte sie.

«Na, jetzt haben Sie wohl eine.»

Und das hatte sie wirklich. Das Kätzchen wuchs schnell zu einem schlanken, hübschen und etwas ungestümen Kater heran, der Buster getauft wurde. Er stand in jeder Beziehung im Gegensatz zu seiner scheuen kleinen Mutter. Die Entbehrungen des freien und geheimnisvollen Lebens waren nichts für ihn; er stolzierte wie ein König über die dicken Teppiche im Hause Ainsworth, und sein schmuckes Halsband trug noch zu seiner Würde bei.

Bei meinen Besuchen beobachtete ich seine Entwicklung mit viel Freude, aber ich werde nie den ersten Weihnachtsfeiertag genau ein Jahr später vergessen.

Ich machte wie gewöhnlich die Runde. Ich kann mich nicht erinnern, je zu Weihnachten frei gehabt zu haben, denn die Tiere wollen einfach nicht lernen, daß es Feiertage gibt. Im Lauf der Jahre habe ich aufgehört, mich darüber zu ärgern. Wenn ich in der kalten Winterluft in Ställen und Scheunen herumstampfe, hole ich mir wenigstens einen gesunden Appetit für den Putenbraten; ganz abgesehen von den zahlreichen Aperitifs, die mir die gastfreundlichen Farmer anbieten.

Ich war auf dem Heimweg und fühlte mich wie in einer rosigen Wolke. Ich hatte mehrere Whiskys getrunken – den die Farmer von Yorkshire wie Limonade einschenken –, und den Rest hatte mir ein Glas Rhabarberwein bei Mrs. Earnshaw gegeben.

Als ich an Mrs. Ainsworths Haus vorbeifuhr, hörte ich sie rufen. «Frohe Weihnachten, Mr. Herriot!» Sie winkte mir fröhlich zu. «Kommen Sie herein und trinken Sie was, um sich aufzuwärmen.»

Mir war warm genug, aber ich parkte den Wagen ohne zögern. Das Haus war wieder festlich geschmückt, wie im letzten Jahr, und der köstliche Duft von Putenbraten, Salbei und Zwiebeln regte meine Magensäfte an. Aber das war halb so wichtig. Wichtig war Buster.

Er sprang nacheinander auf die drei Bassets zu, hielt die Ohren steif, funkelte teuflisch mit den Augen, gab ihnen einen kleinen Tatzenhieb und lief wieder davon.

Mrs. Ainsworth lachte. «Er ist eine wahre Plage für die Hunde. Läßt ihnen keine Ruhe.»

Sie hatte recht. Für die Bassets war Buster so etwas wie ein respektloser Eindringling in einem exklusiven Londoner Club. Lange Zeit hatten sie ein maßvolles Leben genossen: regelmäßige Spaziergänge mit ihrer Herrin, gutes Futter in großen Mengen und lange Stunden friedlichen Schnarchens auf den Teppichen und in den Sesseln. Sie hatten ihre Tage in ungestörter Ruhe verbracht. Bis Buster auftauchte.

Er tänzelte an den jüngsten Hund heran und reizte ihn. Als er mit beiden Vorderpfoten auf ihn einboxte, war es selbst für

den Basset zuviel. Er ließ seine Würde fallen, rollte sich auf den Rücken und ließ sich mit dem Kater in einen kurzen Ringkampf ein.

«Ich möchte Ihnen etwas zeigen.» Mrs. Ainsworth nahm einen harten Gummiball von der Anrichte und lockte Buster in den Garten. Sie warf den Ball über die Wiese, und der Kater sprang ihm behende über den frostigen Rasen nach, nahm ihn mit den Zähnen auf, ließ ihn zu ihren Füßen fallen und sah sie wartend an. Sie warf ihn noch einmal, und er brachte ihn wieder zurück.

Ich glaubte meinen Augen nicht. Ein Kater als Apportierhund! Mrs. Ainsworth sah mich an. «Haben Sie je so etwas gesehen?»

«Nein», antwortete ich. «Noch nie. Eine bemerkenswerte Katze.»

Sie nahm Buster auf den Arm, und wir gingen ins Haus zurück. Sie lachte, als der Kater schnurrte und sich an ihrer Wange rieb.

«Debbie wäre glücklich», sagte sie.

Ich nickte. «Ja, das wäre sie … es ist ein Jahr her, daß sie ihn brachte, nicht wahr?»

«Genau ein Jahr.» Sie drückte Buster an sich. «Das schönste Weihnachtsgeschenk, das ich je bekommen habe.»

QUELLENVERZEICHNIS

Alfred, der Ladenhüter
Familienanschluß
Emily und der Gentleman
Schneiden, Waschen und Legen
Wie viele Leben hat die Katze?
Der Beginn einer wunderbaren Freundschaft

Oscar, der Salonlöwe
Buster, der Weihnachtskater

Die Geschichte *Boris und Mrs. Bond* ist dem Band «Dr. James Herriot, Tierarzt», Copyright © 1976 by Rowohlt Verlag GmbH, Reinbek bei Hamburg, entnommen. Deutsch von Ulla H. de Herrera

Das *Vorwort* sowie die Geschichte *Moses aus dem Schilf* sind dem Band «Cat Stories», Copyright © 1994 by James Herriot, erschienen bei Michael Joseph, Penguin Group, entnommen. Deutsch von Patricia Klobusiczky